M S N P
Subculture
BOOKS

애니메이션 비즈니스 완전 가이드

제작위원회는 악의 축인가 ?

마스다 히로미치

마스니

들어가며

계속해서 성장하는 애니메이션 산업

일본의 콘텐츠 산업 7대 불가사의 중 하나는 애니메이션 산업입니다. 옛날부터 존재하던 오락 콘텐츠 산업 중 애니메이션만이 거의 유일하게 성장 가도를 달리고 있습니다. 영화는 1958년, 출판(만화)은 1995년, 게임(콘솔 게임 소프트웨어)은 1997년, 음악(CD)은 1998년에 각각 절정기를 맞은 이후로 줄곧 하락세입니다. 온라인 게임으로 수익이 상승한 게임 업체도 예외적으로 존재합니다만, 대체로 성장 부진에 시달리는 실정입니다. 그중에서 애니메이션 산업만 쭉 성장하고 있습니다.

4차 애니메이션 열풍이 찾아온다?

애니메이션 산업의 성장세는 '도에이 애니메이션'과 '선라이즈', 'TMS 엔터테인먼트'와 같은 일본의 주요 애니메이션 스튜디오로 구성된 업계 단체·사단법인인 '일본애니메이션협회'가 본격적으로 통계 조사에 팔을 걷어붙이면서 세세하게 밝혀졌습니다. 일본 애니메이션 산업의 시장 추이를 살펴보면 2014년부터 시장이 급격히 넓어져 2016년에는 처음으로 2조 엔(2018년 기준/약 19조 9,000억 원)을 돌파했음을 알 수 있습니다.

매출이 겹치는 부분도 있지만, 게임 산업의 2조 8,055억 엔(가정용, 앱, 아케이드) 정도까지는 아니어도 출판 산업의 1조 9,322억 엔(서적, 잡지, 광고 수입)과 비등하고 음악 산업의 1조 621억 엔(CD, 비디오, 스트리밍, 노래방)보다 규모가 큽니다. 수익만 따지면 1963년에 일본 최초 30분 TV 애니메이션 시리즈 「우주소년 아톰(원제 '철완아톰')」으로 시작된 1차 애니메이션 열풍, 1977년에 청년층을 중심으로 인기를 끈 「우주전함 야마토(극장판)」에 의한 2차 애니메이션 열풍, 그리고 1995년 「에반게리온」, 1997년 「포켓몬스터」 「모노노케 히메」에 의한 3차 애니메이션 열풍에 이어 4차 애니메이션 열풍이 일고 있다고 해도 과언이 아닙니다.

성인이 애니메이션을 보는 나라는 오직 일본뿐

왜 애니메이션 산업만 성장하고 있을까요? 가장 큰 요인은 일본에서 폭넓은 세대가 애니메이션을 즐기는 데 있습니다. 2017년은 일본 애니메이션 역사 100주년을 맞는 해였으며 올해 2018년은 1958년에 태어난 1세대 오타쿠라 불리는 사람들이 환갑을 맞는 해입니다. 즉, 일본에는 1세부터 60세까지 애니메이션을 보는 사람들이 존재하는 셈입니다.

젊은 세대가 보기엔 당연할 수 있겠지만, 이것은 전 세계적으로

애니메이션 산업의 시장 규모 추이

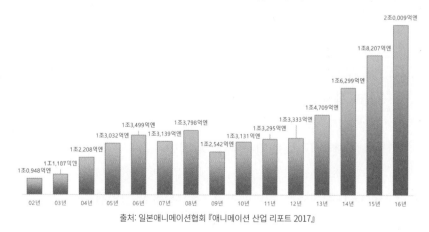

출처: 일본애니메이션협회 『애니메이션 산업 리포트 2017』

봐도 상당히 특수한 경향입니다. 세계적인 상식으로는 초등학교를 졸업함과 동시에 애니메이션도 졸업해야 한다는 인식이 아직도 만연합니다. 물론 최근에는 전 세계적으로 애니메이션을 즐기는 성인이 증가하는 추세지만, 이 현상은 일본이 압도적으로 앞섭니다.

정말 '애니메이션 업계는 블랙'일까?

많은 이들이 나날이 커지는 애니메이션 산업의 존재감을 체감하고 있을 겁니다. 애니메이션이 '출세'함으로써 애니메이션 업계 사정에도 관심을 가지는 팬이 늘었습니다. 그러나 주목받기 시작하면 좋지 않은 소문도 퍼지기 마련입니다.

현재 애니메이션 작품을 분석한 책은 쏟아져 나오는데 산업론을 다룬 책은 거의 없습니다. 데이터가 적은 탓에 '일본 애니메이션은 공동화 현상이 심각하다', '고령화 심화로 젊은 인재가 없다'는 위기론, '애니메이션 제작사는 블랙 기업', '제작위원회와 제작사가 애니메이터를 착취한다'는 노동 환경과 산업 구조에 관해 뒷받침하는 근거도 없는 주장이 분분합니다.

저는 '비디오마켓'이라는 동영상 서비스 회사에 재적하는 동시에 동화협회가 발간하는 애니메이션 산업 연간 리포트를 작성합니다. 애니메이션 산업의 동향을 조사할 때마다 듣는 사실과 다른 나쁜 풍문에 위화감을 금할 길이 없습니다.

애니메이션 비즈니스의 전체를 알려면

대학과 대학원에서 애니메이션 산업에 관한 강의를 하다 보면 현재 애니메이션 관련 회사가 취직의 대상이 된 사실에 놀라곤 합니다. 저는 1979년에 대학을 졸업하고 '키티 레코드'라는 레코드 회사에 들어갔는데, 그 당시에는 직업으로 애니메이션 업계를 고려하던 시대가 아니었습니다. 물론 '키티 레코드'는 음악 사업이 중심이라서 음악 비즈니스에 몸을 담았는데…… 입사 2년차에 어째서인지 애니메이션 작품 「시끌별 녀석들(원제:우루세이 야츠라)」을 제작했습니다. 그때부터 영상·애니메이션 제작 등을 맡기 시작했고, 이윽고 출판사를 거쳐 애니메이션 제작회사인 '매드하우스'의 대표이사를 맡게 되면서 드디어 애니메이션 업계라는 것을 실감하기에 이르렀습니다. 그랬던 것이 현재에 와서는 애니메이션 기술이 전혀 없는 대학생도 대형 스튜디오를 중심으로 지망하는 사람이 늘고 있습니다.

하지만 일반적인 애니메이션 업계에 대한 일반인들의 이해도는 여전히 낮다고 느낍니다. 제가 보기엔 애니메이션 관련 일을 하고 싶다는 학생들도 진의가 불분명한 인터넷 풍문만 보고 애니메이션 업계를 상상하는 듯합니다.

이 책은 그 구멍을 메꾸기 위해 자료를 토대로 애니메이션 산업, 애니메이션 업계의 '기본'을 알려드립니다.

애니메이션 산업이 어떤 비즈니스로 성립하는가. 애니메이션이 어떻게 제작되는가. 일본의 영화와 애니메이션의 90% 이상을 만들어내는 '제작위원회 방식'의 실태. '젊은 애니메이터 연봉 110만 엔'이라고 보도되는 애니메이션 업계의 노동 환경 실상. 그리고 애니메이션과 관련된 업무와 취직 방법…… 등등.

애니메이션 산업, 애니메이션 업계에 관해서 생각하는 출발선에 서기 위해 이 책을 읽어 주셨으면 좋겠습니다.

제작(製作) 및 유통

Q1

애니메이션 비즈니스는 성장하고 있는가?

장르의 성쇠가 명확해진 2017년

먼저 일본 애니메이션 시장을 살펴봅시다. 애니메이션 시장은 주로 다음과 같은 세부 분야로 나눌 수 있습니다.

- **TV**……스폰서가 방송국이나 광고대행사를 통해 애니메이션 스튜디오에 내는 방송 제작비나 판매비. 또 '광고료'라고 불리는 방송 제공료나 시청자가 방송국에 지불하는 유료방송(NHK 포함) 요금 등을 합친 것.
- **영화**……흥행 수입 = 티켓 판매액
- **비디오**……비디오 패키지 상품(DVD, Blu-ray) 판매
- **스트리밍**……TVOD(Transactional Video On Demand/주문형 비디오 서비스), EST(Electronic Sell-Through/디지털 판매) 매출
- **상품화**……애니메이션 캐릭터 상품 판매
- **음악**……애니메이션 주제가나 BGM 같은 음반이나 음원 판매
- **해외**……해외에서 일본 애니메이션의 방송권, 상영권, 상품화권, 서비스권, 뮤지컬화권 등 판권을 판매하거나, 서비스하여 발생한 수익.
- **유흥**……파칭코, 파치슬롯 점포에서 애니메이션 캐릭터나 영상을 사용함으로서 발생한 매출.
- **라이브 이벤트**……애니메이션을 바탕으로 한 라이브 공연, 뮤지컬, 애니메이션 박물관이나 관련 전시회 티켓 판매, 애니메이션 카페 매출 등.

애니메이션 산업 시장의 장르별 매출

분야	매출액	전년대비 증감
①TV	1,059억엔	-1.2%
②영화	663억엔	41.4%
③비디오	788억엔	-15.1%
④스트리밍	478억엔	9.4%
⑤상품화	5,627억엔	-2.9%
⑥음악	285억엔	10.5%
⑦해외	7,676억엔	31.6%
⑧유흥	2,818억엔	-4.2%
⑨라이브	615억엔	29.5%
합계	2조9억엔	9.9%

출처: 일본애니메이션협회『애니메이션 산업 리포트 2017』

애니메이션 산업 분야별 비중

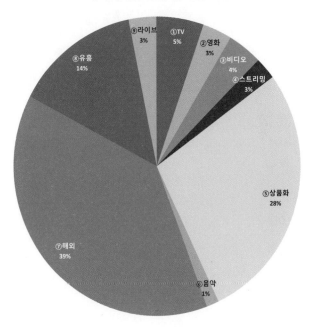

출처: 일본애니메이션협회『애니메이션 산업 리포트 2017』

장르별 비중을 보면 어느 분야의 시장이 큰지 일목요연합니다. 해외가 1위를 차지했던 것은 2004년, 2005년, 2015년에 이어 4번째. 나머지 해에는 2위였던 상품화권 수익이 가장 높았습니다. 3위가 일본의 독자적 분야인 유흥. 줄곧 일본 애니메이션을 지탱해 온 4위인 TV에 이어 비디오, 영화, 스트리밍으로 이어지는데, 이들 장르는 애니메이션 영상의 유통을 담당하므로 작품 제작의 동향에 직접적인 영향을 줍니다. 그 뒤를 잇는 라이브, 음악도 비롯해서 자세히 살펴봅시다.

TV

TV 애니메이션이 주류인 일본

일본은 TV 애니메이션 왕국입니다. 왜 당연한 것을 굳이 언급하느냐 싶겠지만, 세계 제일의 애니메이션 대국인 미국은 극장 애니메이션 왕국이기 때문입니다.

독자 여러분도 미국의 극장 애니메이션 작품이라고 하면 「백설공주와 일곱 난쟁이」 이후에 나온 디즈니 클래식부터 「겨울왕국」 「주토피아」 「토이스토리」에 「미니언즈」 까지 술술 나오겠지요.

그럼 미국의 TV 애니메이션 작품은 몇 개나 떠올릴 수 있습니까? 「심슨」이나 「스폰지밥」은 그럭저럭 유명하지만, 쉽게 떠올릴 만한 작품 숫자가 그렇게 많지는 않습니다.

일본에서는 지브리나 일부 작가성이 뛰어난 극장 애니메이션을 제외하면 시장의 흐름을 주도한 쪽은 주로 TV 애니메이션이었습니다.

TV 애니메이션 이전에 만화 원작이 있다는 지적도 있겠지만, 보통 TV 방송으로 히트를 쳐서 비디오나 캐릭터 상품이 팔리고 극장판으로 제작되는 흐름입니다.

그런데 미국에서는 오리지널 극장 애니메이션이 먼저입니다. 그 작품이 만화나 TV 시리즈가 되는 흐름이 일반적입니다(마지막에는 테마파크 어트랙션일까요).

일본은 성인이 애니메이션을 보는 나라

해외와 비교해서 일본 TV 애니메이션은 무엇이 다를까요? 만화 원작이 많고(해외는 오리지널이 많다), 수작업이 주류. 풀 애니메이션(동화를 초당 프레임 숫자만큼 제작하는 방식. 디즈니 클래식 애니메이션처럼 부드러운 움직임이 특징) 대 리미티드 애니메이션(장면에 따라 동화 매수를 가감하는 방식. 상대적으로 저예산이며 움직임이 빠르다) 등을 들 수 있는데, 가장 큰 특징은 '성인 대상 애니메이션'이 있는 점입니다.

일본에서 심야에 애니메이션을 방송하게 된 것은 1996년부터입니다. 당시에는 한밤중에 TV를 보는 습관이 없어서 대체 누가 보느냐는 인식이었습니다. 그러나 충격적인 엔딩으로 사회 현상을 일으킨 「에반게리온」이 방송 이듬해부터 심야에 재방송을 시작하여 높은 시청률을 획득하고, OVA(오리지널 비디오 애니메이션)가 표현 규제가 약한 심야 시간대로 옮기면서 급속도로 '심야 애니메이션'이 늘어나기 시작했습니다. 심야 시간대에 애니메이션을 보여주고 나중에 비디오로 판매하는 비즈니스 모델이 등장한 것입니다.

애니메이션 버블과 그 붕괴

심야 애니메이션이 증가함에 따라 2000년대부터 급속도로 TV 애니메이션이 늘어나기 시작합니다. 2006년 전성기에는 약 14만 분(分)이라는 사상 최고의 제작량을 보였습니다. 이렇게 제작이 폭등한 이유는 DVD를 팔기 위해 심야 애니메이션을 대량으로 만들었기 때문입니다. 그런데 아이러니하게도 그해에는 이미 비디오 판매가 한계를 맞이하고 있었습니다.

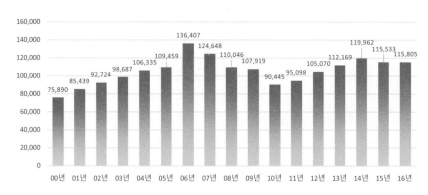

TV 애니메이션 제작 분수 추이 (단위 : 분)

출처: 일본애니메이션협회『애니메이션 산업 리포트 2017』

비디오 시장 자체의 전성기는 그 전년도인 2005년이었습니다. DVD는 이 해에 사상 최고 매출을 기록한 후 다음 해부터 하락세로 접어듭니다. 그에 따라 애니메이션 제작량도 감소하자 애니메이션 업계에 긴장감이 감돌았습니다.

1998년에 절정기를 맞았으나 급속도로 시장이 침체했던 음악 CD의 사례가 있었으므로 애니메이션 업계도 전전긍긍하게 된 겁니다. 사실 이에 호응하듯 2006년부터 불과 4년 뒤에 TV 애니메이션은 33.7%나 감소했습니다. 30분 연속 방송 애니메이션이 30편이나 감소한 셈입니다!

특히 심야 애니메이션은 41.3%(약 2만 5천 분)나 격감해서 심각한 상황이었습니다. 이것은 애니메이션 비디오가 2005년에 절정기를 맞고, 2009년에 바닥으로 떨어진 추이와 완전히 일치합니다.

전대미문의 역전 현상

그러나 비디오는 끝까지 살아남았습니다. 매출이 증가하진 않았지만 2008년부터 2014년까지 7년 연속 안정적인 추세입니다. 이 결과는 세계적인 패키지(CD, 비디오) 비즈니스 동향을 고려하면 기적적인 현상입니다. 심지어 유흥, 스트리밍, 라이브라는 새로운 애니메이션 비즈니스 장르가 성장세를 보인 덕분에 침체기였던 애니메이션 제작이 2010년부터 다시 부흥하기 시작합니다.

심야 애니메이션은 2016년에 거품경제 시대였던 2006년의 제작량을 웃돌고, 역사상 최고인 약 6만 5천 분을 기록합니다. 불과 6년 사이에 2배를 뛰어넘은 것입니다.

그런데 이 TV 애니메이션 부활 과정에서 의미심장한 사건이 일어납니다. 2015년부터 어린이·가족용 애니메이션과 심야 애니메이션의 제작 분수가 역전한 겁니다. 이현상은 세계적으로도 큰 사건입니다. 심야 애니메이션이 소수의 오타쿠만을 위한 것이라는

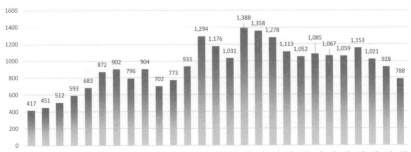

애니메이션 비디오 시장 추이 (단위 : 억 엔)

출처: 일본애니메이션협회 『애니메이션 산업 리포트 2017』

인식은 이제 과거의 얘기가 되었고, 지금은 애니메이션 시장의 주류가 된 것입니다.

한편 어린이·가족 애니메이션은 하락세를 보였습니다. 저출산 현상이 발단이긴 하나, 심각한 문제임은 틀림없습니다. 어릴때부터 애니메이션을 보는 습관이 없으면 성인이 되어서도 보지 않기 때문입니다.

환갑을 맞은 나이에도 애니메이션을 보는 선진적인 현상의 이면에 애니메이션을 보는 아이 자체가 적다는 것은 일본 애니메이션 산업이 극복해야 할 커다란 과제라고 할 수 있습니다.

성인 애니메이션 시장은 일본의 독무대

어린이·가족 애니메이션이 감소 경향을 보이며 산업의 영속성에 근본적인 위험성을 안고 있는 반면에 애니메이션의 성인 시청자층

아동, 가족용과 성인 대상 애니메이션 제작 분수 추이 (단위 : 분)

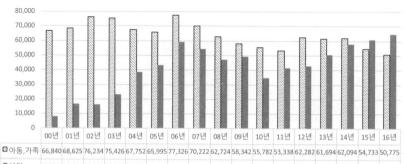

	00년	01년	02년	03년	04년	05년	06년	07년	08년	09년	10년	11년	12년	13년	14년	15년	16년
아동,가족	66,840	68,625	76,234	75,426	67,752	65,995	77,326	70,222	62,724	58,342	55,782	53,338	62,282	61,694	62,094	54,733	50,775
성인	8,120	16,814	16,490	23,261	38,583	43,464	59,081	54,426	47,323	49,577	34,663	41,761	42,788	50,476	57,868	60,800	65,030

출처: 일본애니메이션협회 『애니메이션 산업 리포트 2017』

이 늘어나는 사실은 사실 일본에 큰 기회입니다. 왜냐하면 세계적으로 애니메이션 시청자층이 고령화되고 있기 때문입니다.

이러한 경향은 경제 성장과 크나큰 관계가 있습니다. 일본의 1세대 오타쿠가 태어난 때는 1958년, 전쟁이 끝나고 새로운 성장 시대를 외쳤던 2년 후입니다. 일본의 경제력이 겨우 전쟁 이전을 뛰어넘고, 고도성장을 향해 방향을 바꾸기 시작한 시기입니다. 1세대 오타쿠는 의식주에 급급하던 시대에서 벗어나 취미나 오락 등 개인이 좋아하는 것을 마음껏 추구하게 된 시대의 상징입니다.

중국은 1976년에 끝난 문화대혁명 후에 시행된 개혁개방정책이나 1992년 이후의 시장경제 도입으로 급속도의 경제성장을 이루었습니다.

그 시대에 태어나고 자란 '바링허우(1980년대 출생자)' '지우링허우(1990년대 출생자)' 세대가 개혁 이후에 흘러들어온 일본의 만화, 애니메이션, 게임에 푹 빠져서 자랐고, 지금도 열광하는 모습을 보면 다시 한번 경제와 오락의 깊은 관계를 느낍니다.

성인 대상 만화, 애니메이션, 그리고 소위 말하는 비디오 게임도 일본이 발상지입니다. 이러한 것들이 전 세계에 침투하는 가운데, 일본은 성인 애니메이션 시장을 독점하고 있습니다.

서양 각국은 물론이고, 아시아를 중심으로 성인 애니메이션 시장이 새로 창출되는 상황이므로 당분간은 헐리우드와 부딪히지 않고 계속 독점할 가능성이 있습니다.

그러나 현재 인터넷의 보급으로 TV라는 매체가 전환점을 맞이했습니다. 2010년대에 들어 위성방송의 디지털화가 이루어지면서 TV 애니메이션의 제작 시장도 부활의 전조가 보였으나 최근에는 그 움직임도 정체기에 접어들어 계속 제자리걸음을 하는 상황입니다. 인터넷의 대두, 미국의 방송 산업 추이를 봐도 축소 경향을 피하기는 어려울 듯합니다. 결국은 인터넷에 내포된 영상 서비스의 하나가 될 가능성이 커지겠지요.

영화

극장 애니메이션에서 출발한 일본 애니메이션

영화는 가장 오래된 영상 미디어임에도 불구하고 디지털화의 덕을 가장 많이 보며 성장한 장르입니다. 일반적으로 일본에서는 영화 자체를 산업적으로 성장하는 미디어로 보지 않는데, 애니메이션의 경우는 지상파 디지털화와 영화관의 디지털화로 상영이 쉬워지면서 비즈니스의 기회가 크게 확대되었습니다. 극장 애니메이션 공개 작품 수의 추이를 보아도 디지털화가 진행된 2010년 전후부터 현저히 증가했습니다. 흥행 수입도 순조롭습니다. 현재 TV 애니메이션과 비디오 패키지의 장래가 불투명해진 마당에 만들지 않을 이유가 없지요.

극장용 애니메이션 제작 편수 추이

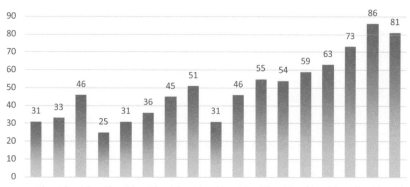

출처: 일본애니메이션협회『애니메이션 산업 리포트 2017』

실제로 업계에서는 '2019년 위기(crisis)'라는 경고의 목소리가 나옵니다. 「너의 이름은.」 등 대히트작을 시작으로 제작 현장의 사정을 도외시한 채 너도 나도 신작 기획을 결정한 결과 2019년에는 놀랄 만한 대작 영화를 다달이 상영해야 하는 독한 스케줄 속에서 제작 현장이 피로감을 호소하고, 결국에는 패닉 상태에 빠진다……라는 얘기인데 사실인지 어떤지는 그렇다 치고 기획 중인 작품이 많은 건 사실이라고 합니다.

지브리가 떠난 애니메이션 영화의 미래는?

일본 극장 애니메이션의 역사에서 스튜디오 지브리의 존재는 빼놓을 수 없습니다. 특히 미야자키 하야오 감독의 작품은 퀄리티뿐만 아니라 비즈니스에서도 강한 임팩트가 있었습니다. 전체 영화의 흥행 수입에서 미야자키 하야오의 작품이 차지하는 비율은 「모노노케 히메」가 놀라운 36%를 기록. 심지어 「센과 치히로의 행방불명」은 39%, 애니메이션만으로 61%라는 놀라운 점유율을 보여줍니다. 2008년에 공개한 「벼랑 위의 포뇨」까지는 미야자키의 작품이 나온 해와 그렇지 않은 해로 극장 애니메이션 흥행 수입에 커다란 차이를 보였습니다.

뛰어난 퀄리티만이 아니라 어린이부터 성인까지 즐기는 대중성까지 갖춘 스튜디오 지브리의 작품은 지금도 전 국민에게 사랑받는 존재입니다. 그러나 안타깝게도 2013년에 미야자키 감독이 은퇴를 발표하였습니다. 그때 극장 애니메이션의 미래에 불안감을 느낀 사람은 저뿐만이 아닐 겁니다. 미야자키 감독처럼 비상한 천재가 그리 쉽게 나타나는 것도 아니고, 20~30년 뒤에는 일본 극장 애니메이션이 망하는 것이 아닐까 하고…….

그로부터 벌써 5년이 지났습니다. 과연 2013년의 예상대로 전개되었을까요? 사실 2009년부터 미래의 구조에 변화가 보이기 시작했습니다.

어린이·가족 애니메이션 영화에서도 지브리가 아닌 제3 세력

지금까지 일본의 극장 애니메이션은 '어린이·가족 애니메이션 방송 극장판'과 '지브리 작품'으로 이루어져 있었습니다. 원래 일본 극장 애니메이션의 흥행은 '어린이·가족 애니메이션 방송 극장판'이 수입의 기초였습니다. 1996년까지는 「도라에몽」이나 「도에이 만화 축제」, 「짱구는 못말려(원제: 크레용 신짱)」 등의 작품으로 연평균 100억 엔 정도였습니다. 1997년부터는 「명탐정 코난」, 「포켓몬스터」, 「ONE PIECE」 등의 작품이 가세하여 연간 200억 엔이 일본 극장 애니메이션 산업 흥행의 기준이 되었습니다. 거기에 지브

지브리와 그 외 작품들의 흥행 추이 (단위: 억 엔)

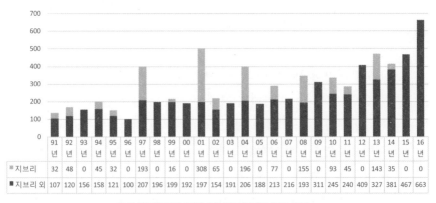

	91년	92년	93년	94년	95년	96년	97년	98년	99년	00년	01년	02년	03년	04년	05년	06년	07년	08년	09년	10년	11년	12년	13년	14년	15년	16년
지브리	32	48	0	45	32	0	193	0	16	0	308	65	0	196	0	77	0	155	0	93	45	0	143	35	0	0
지브리 외	107	120	156	158	121	100	207	196	199	192	197	154	191	206	188	213	216	193	311	245	240	409	327	381	467	663

출처: 일본애니메이션협회 『애니메이션 산업 리포트 2017』

리가 더해져서 1997년, 2001년, 2004년, 2008년처럼 도표에 두드러진 숫자가 나온 것입니다.

그런데 2009년부터 그 움직임에 변화가 일어납니다. 그해는 지브리 작품이 없었음에도 불구하고 포뇨가 공개된 전년해인 2008년(348억 엔), 「마루 밑 아리에티」를 공개한 다음 해인 2010년(337억엔)과 비등한 311억 엔이라는 흥행 수입이 나온 것입니다.

이는 시리즈로 유명한 「포켓몬스터」(46.7억 엔)나 「명탐정 코난」(35억 엔), 「도라에몽」(24.5억 엔), 「나루토」(10.2억 엔), 「프리큐어」(10.1억 엔), 「짱구는 못말려」(10억 엔)와 같은 '어린이·가족 애니메이션 방송 극장판'만의 영향이 아닙니다.

바로 「에반게리온 신극장판 파」(44.1억 엔), 「썸머 워즈」(16.5억엔), 「극장판 마크로스F 허공가희~거짓의 가희~」(6.5억 엔), 「우주전함 야마토 부활편」(4억 엔), 「극장판 공의 경계 the Garden of sinners 제7장 살인고찰(후)」(3억 엔) 같은 성인 작품이 크게 성공했기 때문입니다.

어린이·가족 대상도 아니고, 지브리처럼 남녀노소 대상도 아닌 극장 애니메이션의 제3 세력. 고교생 이상의 시청자를 겨냥한 시장이 대두한 것입니다.

2012년부터 압도하기 시작한 제3 세력의 흐름

이러한 흐름은 지브리 작품 없이 409억 엔이라는 흥행 수입을 올린 2012년부터 확고해집니다.

「에반게리온 신극장판 Q」, 「늑대아이(원제: 늑대아이 아메와 유키)」의 대히트작부터 「극장판 타이거 앤 버니: 더 비기닝」, 「극장판 마

연도별 성인대상 애니메이션
흥행 순위 (2억엔 이상)

2012년	흥행/엔
에반게리온 신극장판Q	53억
늑대의 아이	42.2억
타이거 앤 버니 더 비기닝	5.95억
마법소녀 마도카☆마기카 시작의 이야기	5.9억
마법소녀 리리컬 나노하 The MOVIE 2nd A's	5.5억
극장판 청의 엑소시스트	5.3억
모모와 다락방의 수상한 요괴들	4.7억
009 사이보그	3.5억
부도리의 꿈	2.64억
스트라이크 위치스 극장판	2.3억
도서관 전쟁 혁명의 날개	2.1억
마크로스FB7 은하유혼	2억
2013년	**흥행/엔**
드래곤볼Z 신들의 전쟁	29.9억
마법소녀 마도카☆마기카 [신편] 반역의 이야기	20.8억
그날 본 꽃의 이름을 우리는 아직 모른다.	10.4억
슈타인즈 게이트: 부하영역의 데자뷰	5.6억
어떤 마술의 금서목록:엔듀미온의 기적	5억
캡틴 하록	4.3억
세인트 영맨	2.5억
페르소나3 더 무비 #1 스프링 오브 버스	2.5억
2014년	**흥행/엔**
아이돌 마스터 무비: 빛의 저편으로	7.65억
극장판 타이거 앤 버니 더 라이징	7.43억
기동전사 건담 UC: 무지개의 저편에	5.5억
진격의 거인: 홍련의 화살	4.0억
은하철도의 꿈	3.8억
우주형제#0	3.5억
우주전함야마토 2199: 별을 도는 방주	2.4억
세인트 세이야: 레전드 오브 생츄어리	2.1억

법소녀 마도카☆마기카 [전편] 시작의 이야기」, 「마법소녀 리리컬 나노하 극장판 2nd A's」, 「모모와 다락방의 수상한 요괴들(원제: 모모의 편지)」 같은 중견급 히트작이 연달아 나왔습니다. 그 결과 '제3 세력'의 작품이 159억 엔이라는 수익을 냅니다.

그러나 이듬해인 2013년에 지브리 작품이 두 편이나 나오면서 제3 세력의 작품이 주춤하더니 2014년 역시 「도라에몽: 스탠바이미」, 「극장판 요괴워치:탄생의 비밀이다냥!」이라는 초강력 어린이·가족 작품이 대히트함으로써 또다시 성인 작품이 부진으로 끝났습니다.

그러나 2015년부터 단번에 기세를 회복합니다. 「괴물의 아이」와 「드래곤볼Z:부활의F」에 이어 업계 사람도 깜짝 놀랄 정도로 인기를 끈 「러브라이브! The School Idol Movie」, 「걸즈 앤 판처 극장판」이라는 심야 애니메이션 극장판이 큰 성공을 거둡니다. 이렇게 제3 세력의 작품이 총액 277억 엔이 되고, 마침내 어린이·가족 애니메이션의 수익을 크게 웃돌게 되었습니다. 이 해는 사상 최다를 기록한 89개의 극장 애니메이션 작품이 제작되었는데, 제3 세력 작품이 67개로 어린이·가족용의 19개를 압도하였습니다.

더 압도적인 건 2016년입니다. 말할 것도 없이 「너의 이름은.」(250억 엔)이 공개된 해입니다. 공개 작품 수가 전년해보다 5작품이나 적었음에도 불

타마코 러브 스토리	2.05억
2015년	**흥행/엔**
괴물의 아이	58.5억
극장판 드래곤볼Z: 부활의F	37.4억
러브라이브! 더 스쿨 아이돌 무비	28.6억
걸즈 앤 판처 극장판	25억
마음이 외치고 싶어해	11.2억
극장판 사이코패스	8.5억
하이 스피드! 프리! 스타팅 데이즈	6.91억
겁쟁이 페달 극장판	4.7억
디지몬 어드벤처 트라이 제1장: 재회	2.5억
극장판 진격의 거인: 자유의 날개	2.5억
공각기동대 신극장판	2.4억
푸른 강철의 아르페지오 아르스 노바 카덴차	2.17억
경계의 저편: I'LL BE HERE 미래편	2.03억
2016년	**흥행/엔**
너의 이름은.	250억
이 세상의 한구석에	25억
목소리의 형태	23억
키즈모노가타리 I 철혈편	8.2억
킹 오브 프리즘	8억
몬스터 스트라이크 더 무비	7.31억
키즈모노가타리 II 열혈편	5.8억
기동전사 건담 디 오리진III 새벽의 봉기	5.21억
함대 컬렉션 –칸코레-	4.6억
극장판 울려라! 유포니엄	4.23억
간츠: 오	3.0억
예전부터 계속 좋아했어. 고백실행위원회	3.0억
신극장판 이니셜D: 레전드3 –몽현	2.0억
합계	**796.9억**

출처: 사단법인 일본영화제작자연맹, 흥행통신제공
자료, 『애니메이션 산업 리포트』

구하고, 총 흥행 수입 663억 엔을 기록하며 「센과 치히로의 행방불명」이 공개되었던 2001년(505억 엔)을 돌파하면서 사상 최고를 기록합니다. 402억 엔이라는 흥행 수익을 이룬 '제3 세력 작품'이 어린이·가족 애니메이션을 압도한 것입니다.

계속해서 진화하는 일본 극장 애니메이션

과거 2004년, '제3 세력 작품'의 대표였던 오토모 가쓰히로 감독의 「스팀보이」와 오시이 마모루의 「이노센스」가 공개되었습니다. 「스팀보이」는 제작기간 8년, 총제작비용 24억 엔. 「이노센스」는 제작비를 발표하지 않았지만 스튜디오 지브리의 스즈키 토시오 프로듀서가 선전을 담당한 역작으로 그해 공개한 「하울의 움직이는 성」에 뒤지지 않는 대걸작이었습니다. 이 두 작품은 애니메이션 팬을 중심으로 큰 기대를 모았으나 「하울의 움직이는 성」이 197억 엔의 흥행 수입을 올렸음에도 「스팀보이」가 11.6억 엔, 「이노센스」는 10억 엔이라는 결과를 낳았습니다.

이로써 어린이·가족 작품도 아니고, 전연령대의 지브리 작품도 아닌 어른용 '제3 세력 작품'의 성장 잠재력은 가령 대작이라 해도 관객 수 80~90만 명, 흥행 수입 10억 엔 전후가 한계라는 인식이 생기기 시작합니다.

그런데 불과 몇 년 뒤인 2011년에 공개된 「극장판 케이온」이 19억 엔으로 대히트를 칩니다. 2013년에는 「극장판 마법소녀 마도카☆마기카 [신편] 반역의 이야기」(20.8억 엔), 「극장판 그날 본 꽃의 이름을 우리는 아직 모른다.」(10.4억 엔). 2015년에는 「러브라이브! 더 스쿨 아이돌 무비」(28.6억 엔), 「걸즈 앤 판처 극장판」(25억 엔),

「마음이 외치고 싶어해」(11.2억 엔). 2016년에는 「이 세상의 한구석에」(25억 엔), 「목소리의 형태」(23억 엔)으로 예상을 비웃듯이 10억 엔, 20억 엔의 큰 히트작들이 나왔습니다. '관객 수 80~90만 명, 흥행 수입 10억 엔 전후가 한계'라는 인식을 아주 쉽게 뒤집은 셈입니다. 관객 동원 부진에 골머리를 앓던 2004년과는 격세지감을 느끼지만, 이것은 일본의 성인 애니메이션이 전 세계보다 앞서 대중화, 일반화되며 진화하고 있다는 증거입니다.

극장 애니메이션을 대성공으로 이끈 지브리의 공적은 위대합니다. 그리고 현재도 그 지브리의 빈자리를 충분히 메우고 있다는 말은 일본 애니메이션 산업이 인재 양성에 성공했음을 보여주는 셈입니다. 급속도로 시장을 확대한 '제3 세력 작품' 덕분에 일본 극장 애니메이션은 지브리 없이도 성장하는 추세입니다.

비디오

고위험, 고소득 상품화(Merchandising) 비즈니스

TV 애니메이션을 설명하면서 잠깐 언급했지만, 애니메이션 산업에서 비디오는 상당히 큰 역할을 수행했습니다. 대표적으로 디즈니가 미키마우스(1928년~)로 구축한 상품화권 수익이 아닌 다른 비즈니스 모델을 세운 것입니다.

비디오가 등장하기 전에는 극장 애니메이션의 흥행 수입(을 자금으로 하는 제작 수입), 비디오 애니메이션 제작비 수입·방영권료, 또 캐릭터 상품화권(머천다이징/MD) 판매로 얻는 로열티 수입이 수익의 기본이었습니다. 그중에서도 주요 수입은 상품화권이며 히트를 하면 상당히 안정적인 수입이 들어오지만 실패하면 손에 쥐는 것이 별로 없는, 한마디로 말하면 고위험, 고소득 비즈니스 모델이었습니다.

상품화 비즈니스의 대상이 되는 애니메이션은 기본적으로 아동용입니다. 그래서 100엔, 200엔이란 저가 상품이 주류를 이루었고 (가면라이더 벨트나 프리큐어 피규어 같은 고가 완구도 많지만), 거기서 얻은 로열티 수입(정가의 3%~5%)으로 이익을 올려야 합니다. 그러려면 상당히 많은 구매자(어린이)의 욕구를 일으키는 미디어가 필요한데, 현재 시점에서 가장 적합한 미디어는 TV입니다. 그중에서도 어린이 시청률이 높은 저녁부터 황금 시간대, 그리고 주말 오전이 그 후보인데, 당연히 이 시간대는 매체 비용이 많이 듭니다.

또 어린이에게 캐릭터를 인지시키려면 그만큼 상당히 많은 제작 분량이 필요합니다(최소 1년 4분기, 기본 48화~52화). 더욱이 이런 비즈니스를 떠받칠 인적 자원(기획 제안부터 원작자·광고주·방송국·제작사·라이선스 등의 대응, 광고·상품화, 수익/인세 분배 등 담당자)이나 보증 기능(방송 시간대 확보나 광고주를 잡지 못했을 때의 대응)도 필요해집니다.

그런데 가령 이러한 조건을 전부 갖춘다고 쳐도 방송이 히트를 친다는 보증은 어디에도 없습니다. 사실 4분기 1년 만에 종료할 확률이 압도적으로 높습니다. 이처럼 상품화가 메인인 애니메이션은 그에 상응하는 기업력과 자금이 필요하지만, 크게 히트를 치면 이익이 천정부지로 치솟는 고위험, 고소득 비즈니스라서 뛰어들기가 지극히 어려웠습니다.

애니메이션 비즈니스 모델을 바꾼 비디오의 등장

그런데 1980년대에 보급된 비디오가 그런 상황을 확 바꿉니다. 마침 그 시기에 초등학교를 졸업한 후에도 애니메이션을 보는 팬

애니메이션 비디오 시장 추이 (단위: 억 엔)

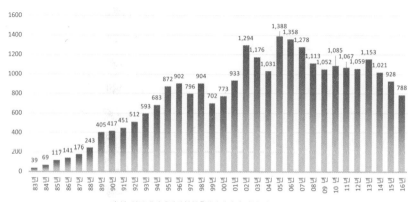

출처: 일본애니메이션협회 『애니메이션 산업 리포트 2017』

층의 존재가 드러났지만, 그들이 원한 것은 상품이 아니라 영상 그 자체였습니다. 비디오가 보급되기 전에는 방송을 놓치면 재방송이 없는 한 영원히 볼 수 없었기에 애니메이션 팬은 항상 자신이 보고 싶을 때 애니메이션을 보는 것이 소원이었습니다. 그때 나타난 것이 비디오였습니다.

애니메이션 팬에게는 크나큰 요행이었고, 당시에 1만 엔~2만 엔이나 했던 애니메이션 비디오를 계속 사들였습니다. 그런 소수 애니메이션 팬의 비디오 구매력을 바탕으로 새로운 비즈니스 모델이 태어난 것입니다.

자기 손으로 좋아하는 영상을 쫓는 애니메이션 팬에겐 비싼 방영 시간대나 긴 횟수도 필요 없었습니다. 솔직히 말하면 오리지널 비디오 애니메이션(OVA)만으로도 충분했습니다. 그리하여 애니메이션의 제작 부담이 줄었고, 애니메이션 제작사, 광고대행사, 방송국이 독점했던 애니메이션 업계에 1998년 중반부터 비디오 제작사를 중심으로 새로운 플레이어들이 속속 시장에 참가하게 됩니다. 이리하여 1983년부터 비디오 프로그램의 매출이 급증했고, 그후 30년에 걸쳐 성인 애니메이션의 수익 구조를 떠받치게 됩니다.

역사적 역할을 끝마치려 하는 비디오

비디오 제작사의 참여로 1980년 중반부터 엄청난 기세로 성장하기 시작한 비디오 시장은 「에반게리온」이나 「모노노케 히메」, 「포켓몬스터」 등 크게 히트를 친 1990년 중반 이후에 한 번 절정기를 맞습니다. 이윽고 2000년대에 들어서 「센과 치히로의 행방불명」의 경이적인 히트를 경험하고, 2005년 「하울의 움직이는 성」,

「기동전사 건담 시드 데스티니」로 절정기의 끝을 맞이합니다.

다음 해부터 급속도로 시장이 지지부진하면서 2008년부터 2014년까지 침체기를 유지하고는 있었으나 15년부터 본격적으로 하향 곡선을 그리기 시작합니다. 세계적으로 보면 기적적인 성장세를 보이던 일본의 애니메이션 비디오 시장도 결국엔 그 역할을 마칠 때가 다가오는 모양입니다.

애니메이션의 새로운 비즈니스 모델

앞으로 다가올 시대에 무엇이 영상 유통의 주류가 되겠냐고 묻는다면 많은 사람이 스트리밍이라고 대답하겠지요. 그렇다면 비디오 제작사가 스트리밍하면 되지 않겠느냐고 생각하겠지만, 이미 한발 늦었습니다. 주요 플랫폼을 IT 업계나 통신사 등, 다른 업종이 쥐어 버렸기 때문입니다.

그런 가운데 비디오 제작사는 유통만 하는 것이 아니라 애니메이션 제작 자체에도 깊숙이 개입하게 됩니다. 또한 예전만큼 유통 이익을 얻을 수 없기에 살아남으려면 다른 업종으로 이행해야 했습니다.

그 해결법 중 하나를 2017년에 발표한 애니플렉스의 결산 발표에서 볼 수 있습니다. 애니메이션 업계는 물론이고, 많은 사업가들이 처음 발표된 손익계산서를 보고 깜짝 놀랐습니다. 매출이 1000억 엔을 넘었기 때문입니다.

1995년에 설립한 애니플렉스는 「바람의 검심」으로 운 좋게 대히트를 쳤지만, 그 뒤로 실적이 나빴다가 2000년대에 들어서 「강철의 연금술사」로 아슬아슬하게 상위 제작사로 자리를 잡았고,

2000년대 중반 이후에 업계 1위였던 '반다이 비주얼'의 뒤를 잇는 존재가 되었습니다. 그러나 '반다이 비주얼'의 매출은 2005년에 284억 엔으로 정점을 찍은 이후로 점차 하락세였습니다. 그 뒤를 잇던 애니플렉스의 움직임도 그렇게 눈에 띄지 않았습니다.

그랬던 애니플렉스의 놀라운 결산은 결코 비디오가 잘 팔려서 나온 숫자가 아니었습니다. 2015년 8월에 공개한 「페이트/그랜드 오더」가 크게 기여해서입니다. 이 게임은 일본뿐만 아니라 중국에서도 엄청난 히트를 칩니다. 그렇다 보니 애니플렉스는 비디오 제작사를 넘어서 애니메이션과 게임 제작이 중심인 복합 엔터테인먼트 기업처럼 되었습니다. 애니메이션과 게임의 경계선이 불투명해진 현재에는 어느 쪽이 먼저라고 할 시대가 아니라는 것이겠지요.

'애니플렉스'처럼 극적으로 '비디오 제작사'에서 벗어난 예가 있

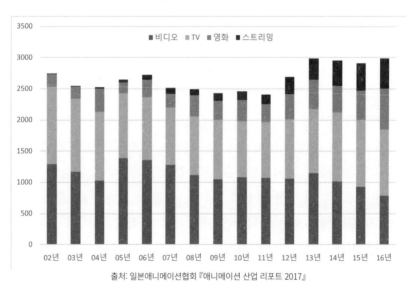

TV, 영화, 비디오, 스트리밍 시장 추이 (단위: 억 엔)

출처: 일본애니메이션협회 『애니메이션 산업 리포트 2017』

다면 '에이벡스'처럼 음악 사업에서 벗어난 '제3의 창업'으로서 '라이브' '애니메이션' '영상 스트리밍'을 중심으로 한 종합 엔터테인먼트를 노리는 기업도 있습니다. '비디오 제작사'가 미디어의 전환기를 극복하여 살아남으려면 발상의 전환이 불가피합니다. 자사가 가진 프로듀스 능력을 발휘하여 어떻게 극복할 것인지 앞으로 2~3년이 마지막 기회일 것입니다.

스트리밍

미래 영상유통 매출의 중심

　애니메이션 산업에서 영상을 어떤 미디어로 전달할지는 중요한 문제입니다. 애니메이션 영상 미디어는 영화, 방송, 비디오, 스트리밍 순으로 발전해 왔습니다.

　처음으로 애니메이션 스트리밍 데이터가 등장한 2002년은 영상 유통 매출의 대부분을 비디오와 TV가 차지했었습니다. 마침내

애니메이션 스트리밍 시장 추이 (단위: 억 엔)

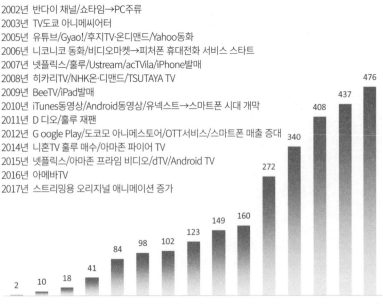

2002년 반다이 채널/쇼타임→PC주류
2003년 TV도쿄 아니메씨어터
2005년 유튜브/Gyao!/후지TV·온디맨드/Yahoo동화
2006년 니코니코 동화/비디오마켓→피처폰 휴대전화 서비스 스타트
2007년 넷플릭스/훌루/Ustream/acTVila/iPhone발매
2008년 히카리TV/NHK온·디맨드/TSUTAYA TV
2009년 BeeTV/iPad발매
2010년 iTunes동영상/Android동영상/유넥스트→스마트폰 시대 개막
2011년 D 디오/훌루 재팬
2012년 Google Play/도코모 아니메스토어/OTT서비스/스마트폰 매출 증대
2014년 니혼TV 훌루 매수/아마존 파이어 TV
2015년 넷플릭스/아마존 프라임 비디오/dTV/Android TV
2016년 아메바TV
2017년 스트리밍용 오리지널 애니메이션 증가

02년	03년	04년	05년	06년	07년	08년	09년	10년	11년	12년	13년	14년	15년	16년
2	10	18	41	84	98	102	123	149	160	272	340	408	437	476

출처: 일본애니메이션협회『애니메이션 산업 리포트 2017』

비디오의 수치가 떨어지고 다른 세 가지 미디어의 수치가 오르면서 전체 영상 유통량이 늘어납니다. 2002년은 비디오 47.3%, TV 45.4%, 영화 7.2%, 스트리밍 0.1%로 비디오와 TV가 압도적이었습니다. 그러나 14년 후인 2016년에는 비디오 26.4%, TV 35.4%, 스트리밍 16.0%로 경쟁이 치열해집니다. 라이브 요소가 있는 영화 흥행은 남는다고 하더라도 TV와 비디오는 언젠가 스트리밍과 함께 인터넷 서비스의 하나가 되지 않을까요?

14년 사이에 239배

일본에서 영상 스트리밍 서비스가 궤도에 오르기 시작한 건 2000년대 초. 애니메이션 스트리밍의 개막을 알린 건 2002년의 '쇼타임(SHOWTIME)'과 '반다이 채널'이 서비스를 시작하고부터였습니다. 반다이 채널의 조기 진출은 의의가 컸습니다. 영상 스트리밍 서비스에서 애니메이션은 영화, 드라마와 어깨를 나란히 하는 주요 장르지만, 반다이 채널이 일찍이 손을 댐으로써 인터넷에서 애니메이션의 존재감을 높이는 데 힘을 실어 주었습니다.

이 두 회사를 시작으로 IT 기업과 방송국이 잇따라 시장에 뛰어들었고, 2005년부터 2006년에 걸쳐 '1차 영상 스트리밍 붐'이 일어났습니다. 스트리밍 미디어는 PC가 주류였는데, 이러한 영상 서비스 혁신기에 그 가능성을 강렬하게 어필한 것이 바로 2005년에 서비스를 개시한 '유튜브'와 'GyaO', 그리고 2006년의 '니코니코 동화'입니다. 당시에는 아직 광고로 영상 사이트의 수익을 창출하는 비즈니스 모델이 확립되지 않은 시기라 반드시 수익 창출에 성공했다고 볼 수는 없지만, 그 당시에는 강한 충격을 주었고, 많은 유저에게 영상을 시청하는 습관이 생겼습니다. 또 2006년에는 전 세계에서 처음으로 시간 제한이 없는 모바일 영상 스트리밍 사이트 '마루고토아니메(현 비디오마켓)'가 등장하였습니다.

이듬해인 2007년에는 이미 차세대 영상 서비스를 좌우하는 움직임이 생겼습니다. 바로 iPhone의 탄생입니다. 영상 스트리밍이 1차 붐 이후에 두 번째 전성기를 맞이한 건 2010년대에 들어서부터였습니다. 이 현상은 iPhone과 안드로이드 단말기라는 스마트폰의 보급으로 초래되었는데, 2010년대부터 새로운 서비스가 잇따라 등장하면서 단숨에 영상 스트리밍 시장이 확대되었습니다. 제일 빠르게 주도권을 쥔 것은 통신 회사(특히 NTT도코모)였으며 세계적인 플랫폼을 전개하는 애플과 구글이라는 외국 기업이었습니다. 이러한 동향은 2010년 이후의 움직임을 보면 일목요연합니다. 이처럼 통신 회사나 세계적 플랫폼을 쥐는 거대 자본의 참가 효과로 애니메이션 스트리밍 시장이 단숨에 확대되기 시작했습니다. 그 결과, 2016년에는 478억 엔에 달해, 2002년 대비 무려 239배에 달하는 시장 규모가 되었습니다.

차세대 영상의 주역은 누가 될 것인가?

일본에서 본격적인 영상 스트리밍 서비스가 시작된 이후로 비디오와 TV를 이은 차세대 역할로 기대를 받았는데 드디어 그 서비스가 한자리에 모였습니다.

정액제·유료제가 대부분인 온 디맨드 서비스 주류에서 2016년에는 '아메바TV'처럼 무료 광고 서비스도 생겼습니다. 2005년에 화려하게 시작한 '완전 무료 컴퓨터TV Gyao!'도 같은 부류입니다.

일본의 영상 스트리밍 서비스는 4종류로 나눌 수 있습니다. 먼저 유넥스트, 니코니코 동화, 비디오마켓, DMM, 아메바TV 등의 IT·독립사업자. 다음으로 NTT도코모를 중심으로 한 통신사. 또 NHK와 니혼TV(훌루), 후지TV와 같은 방송국 계열. 그리고 넷플릭스, 아마존, 아이튠즈, 구글 플레이 같은 외국 기업입니다.

2020년에는 국내 영상 유통의 3분의 2를 인터넷이 차지할 것으로 예상되는데 현재 그 패권을 둘러싸고 치열한 경쟁이 벌어지고 있습니다. 그중에서도 외국 기업, 특히 넷플릭스와 아마존이 주목을 모으고 있습니다.

또 외국 기업 중에 월트디즈니도 시장에 뛰어들게 되었습니다. 지금까지 타사의 플랫폼에 콘텐츠만 제공해 왔던 월트디즈니가 자사 플랫폼을 가지게 되는 셈입니다. 원래부터 강력한 브랜드를 가지는 디즈니가 21세기 폭스를 인수하여 스트리밍 서비스에 팔을 걷어붙이게 됨으로써 기존에 앞서던 넷플릭스와 아마존 프라임에 큰 위협이 될 것이 틀림없습니다. 특히 디즈니 브랜드의 힘이 큰 일본에서는 상당한 파동을 불러일으킬 거라 예상합니다.

일본의 주요 영상 스트리밍 서비스

IT·독립 사업자	유넥스트, 니코니코동화(가도카와), 비디오마켓, 라쿠텐TV, GYAO! TSUTAYA TV, DMM동화, 아메바TV 등
통신사	dTV(NTT도코모), d애니메스토어(NTT도코모), au비디오파스 등
방송국	NHK온디맨드, 훌루(니혼TV), 후지TV 온디맨드FOD 등
외국계	넷플릭스, 아마존 프라임 비디오, 아이튠즈, 구글 플레이 등

　이러한 스트리밍 서비스 경쟁에서 중요한 것은 서비스(쾌적함과 편리성), 보유 작품 수와 오리지널 작품(독자성)입니다. 이러한 점들은 전부 해외 플랫폼에 유리합니다. 왜냐하면 일본의 플랫폼은 서비스의 쾌적성, 편리성, 독자성보다는 이른바 '레텐 영업'(휴대전화 소매점 추천 앱이나 서비스 영업 행위. 판매 동의서에 체크하여 계약 성립)에 의지하는 경우가 대부분이기 때문입니다. 이용자에게 편리하고 좋은 서비스를 제공하기보다도 점포에 장려금을 지급하여 이용자를 획득하는 방식이 주류인 일본은 불리할 수밖에 없습니다.

패왕은 하류에서 상류로 올라간다

　일본의 플랫폼을 위협하는 것은 외국 기업의 오리지널 작품입니다. 특히 넷플릭스는 2017년 콘텐츠 제작비가 무려 60억 달러(한화 약 6조 7천억 원, 2018년은 76억~80억 달러)로 예산 규모가 할리우드를 뛰어넘었습니다. 애니메이션 투자에도 적극적이라서 이미 결정된 오리지널 제작 작품만 20작품 이상입니다. 이 모두가 일본의 일류 스튜디오와 스태프의 제작 작품으로 안시 국제 애니메이션 영화제에서 대상을 받은 유아사 마사아키 감독의 「데빌맨: 크라이 베이비」, '프로덕션I.G'의 오리지널 기획 작품 「B 더 비기닝」, '본즈' 오리지널 애니메이션 「A.I.C.O. 인카네이션」, 도에이 애니메이션 「세인트 세이야」 등 라인업이 눈부십니다. 그 총예산은 수십억 엔에서 백억 엔 단위로 예상됩니다. 아마존도 제작 투자에 적극적이며 현재로서는 외국 기업의 우세가 두드러져 보입니다.

　유통을 지배하는 자가 콘텐츠를 지배했던 역사적 경위로 보아도 결국 필연적으로 스트리밍 서비스가 오리지널 콘텐츠를 제작하게 됩니다. 그러려면 제작 투자가 필요한데 안타깝게도 일본의 스트리밍 플랫폼에서 그만한 레벨을 갖춘 회사는 없어 보입니다. 콘텐츠 업계의 시점으로 보아도 세계적 네트워크를 가진 외국 기업의 플랫폼이 훨씬 유리합니다. 어쨌든 간에 결국은 스트리밍 플랫폼 기업이 지금의 TV 애니메이션의 위치를 차지하게 될 것입니다. 이는 스트리밍 오리지널 작품 중에 대 히트작이 탄생하면 그때부터 급속도로 빨라질 겁니다.

상품화

주력은 어린이·가족 애니메이션

상품화·캐릭터 비즈니스는 만화/애니메이션을 떠받치는 가장 중요한 요소입니다. 일본에서는 성인 애니메이션이 많기 때문에 깜빡하기 십상이지만, 캐릭터 비즈니스를 중심으로 한 어린이·가족 애니메이션의 파급력이 훨씬 크고, 세계적으로도 압도적인 힘이 있습니다. 「도라에몽」「드래곤볼」「호빵맨」「명탐정 코난」「포켓몬스터」「유희왕」「ONE PIECE」「프리큐어」「요괴워치」처럼 매년 방송되는 작품이 거두는 수익은 1~2분기(12화~24화)로 끝나는 심야 애니메이션 수익의 수십 배에 이릅니다. 성인 애니메이션 중에서 어린이·가족용 히트작과 다름없는 경제적 파급 효과를 가져다준 작품이라면 「에반게리온」 정도일까요(단, 에반게리온의 첫 방영은 TV도쿄의 수요일 18시 반이었습니다).

일본 국내 애니메이션 캐릭터 상품화권 시장 추이 (단위: 억 엔)

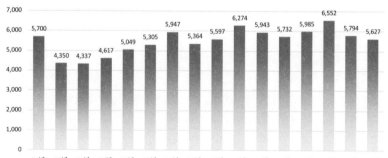

출처: 캐릭터·데이터뱅크 간행 「CharaBiz DATA 2017(16)」를 토대로 일본애니메이션협회에서 독자 집계

기로에 선 캐릭터 비즈니스

캐릭터 비즈니스는 미국에서는 1928년에 처음으로 미키 마우스가 등장한 「증기선 윌리」부터, 일본에서는 1963년 방영한 「우주소년 아톰」에서부터 시작되었습니다. 당시에 「우주소년 아톰」이 거둔 캐릭터 로열티 수입은 총 4억 엔으로 이것을 상품 매출로 환산하면 130억 엔 전후로 추정합니다. 그것이 현재에는 5,627억 엔이 되었습니다(이 금액에 기존의 비디오 게임은 포함했으나 앱 게임은 포함하지 않았습니다).

이 전체 시장의 82.7%를 「호빵맨」「드래곤볼」「프리큐어」「도라에몽」「ONE PIECE」와 같은 어린이·가족 애니메이션이 차지합니다. 어린이·가족 시장은 「포켓몬스터」(1997년)나 「요괴워치」(2014년) 같은 히트작이 탄생하면 단숨에 확대되지만, 사실 이것은 10년에 한 번 있을까 말까 한 확률입니다. 그리고 어린이·가족용 캐릭터 시장은 기존에 유명한 TV 애니메이션 캐릭터가 대부분을 차지하는데 최근 들어서 어린이의 생활 스타일 변화로 TV 애니메이션으로부터의 이탈 경향을 보입니다.

학원을 막론하고, 많은 사교육으로 바쁜 현재 초등학생층에서 TV 시청 시간이 점차 줄고 있습니다. 유튜브 등으로 콘텐츠를 보는 기회도 늘어나면서 이러한 흐름이 미취학 아동에까지 미치기 시작합니다. 태어날 때부터 스마트폰과 태블릿을 접하며 자란 디지털 네이티브에게는 TV보다도 인터넷이 훨씬 친화성이 높은 모양입니다. 오랫동안 TV 중심으로 구성되었던 캐릭터 비즈니스 모델도 이제 고비에 이른 셈입니다.

성인이 캐릭터 상품을 원하다

한편 오타쿠 팬을 겨냥한 상품화 시장은 2016년 전체 점유율의 17.3%를 보이면서 계속해서 확대 경향을 보입니다. 특히 여성층 시장이 순탄합니다. 여성은 애니메이션에 돈을 쓰지 않는다고 하던 시대가 있었지만, 그 말이 거짓말이었던 것 같은 현상이 일어나고 있습니다.

최근에는 새로운 비즈니스들이 속속 등장하고 있습니다. 예를 들어 20년이 지나 부활을 이룬 「세일러문」은 기존의 팬뿐만 아니라 새로운 층까지 끌어들이며 승승장구. 「명탐정 코난」은 매번 흥행 수입 기록을 경신하는 극장판의 자극에 힘입어 상품 전개도 활개를 띠고 있습니다. 게임 원작인 「도검난무」는 뮤지컬, 연극, 애니메이션 등 새로운 미디어믹스로 성인 여성층에 지지를 받는 등등, 지금까지와 다른 움직임이 시장을 한층 더 달구었습니다.

눈에 띄는 작품은 2015년에 방영된 「오소마츠상」과 2016년의 「유리!!! 온 아이스」일 겁니다. 두 작품 모두 심야 애니메이션으로는 상식을 깰 정도로 뜨거운 지지를 받았고, 열광적인 여성 팬을 대상으로 한 상품이 대거 나왔습니다. 마치 아이돌을 방불케 하는 폭발적인 인기는 캐릭터 아이돌화를 실감하게 했습니다.

음악

역사의 흐름에 역진하는 애니메이션 음악 시장

매출이 최고조에 달했던 1998년에 6,075억 엔이었던 음악 오디오(CD) 시장은 2016년에는 70.7% 감소한 1,777억 엔으로 격감하였습니다.

그런데 애니메이션 음악만은 변함없이 활발하여 전체 시장의 추이를 역행하듯이 최저치였던 2012년의 229억 엔을 시작으로 점차 상승하는 낌새마저 보입니다. 애니송 콘서트 등 라이브 행사의 성황 덕도 있겠지만, 애니메이션 비즈니스에서 음악의 중요성이 더욱 한층 높아졌다는 증거겠지요.

애니메이션 음악(애니메이션 CD) **시장** (단위: 억 엔)

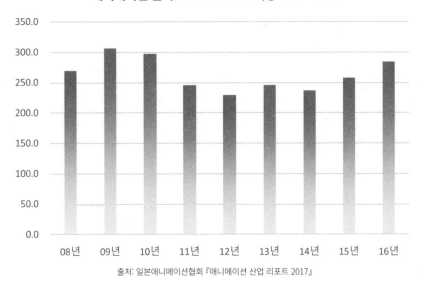

출처: 일본애니메이션협회 『애니메이션 산업 리포트 2017』

하지만 전 세계의 동향을 보아도 앞으로는 오디오만으로 음악 동향을 말하기 어려운 상황에 놓였습니다. 수요가 왕성한 음악 스트리밍 서비스나 콘서트 등의 행사, 또 음악 비디오의 숫자에도 관심을 가지지 않으면 진짜 동향을 파악하기 어렵습니다.

2016년 음악 CD 매출에 애니메이션 음악 스트리밍 추측 수치 51억 엔(음악 스트리밍 시장에 음악 CD의 애니메이션 음악 점유 비율 9.7%를 곱한 금액)으로 애니메이션 음악 비디오(애니송 콘서트 비디오) 매출의 42억 엔(단, 오리콘 음악 DVD·블루레이 매출 순위 베스트 300위 이내의 계산이므로 실제는 이보다 많으리라 추측한다)을 더하면 378억 엔이 넘습니다. 실제로 이 수치가 애니메이션 음악 시장의 실제 수치에 가까울 겁니다.

불우한 처지에서 시작한 일본 애니메이션 음악

음악이 애니메이션 비즈니스에게 중요한 수익원이 된다는 것을 월트디즈니가 85년이나 과거에 증명했습니다. 대공황 시대였던 1933년에 월트디즈니는 「아기 돼지 삼형제」라는 단편 애니메이션을 공개하는데, 그 작품 속에 '누가 크고 나쁜 늑대를 두려워하나(Who's Afraid of the Big Bad Wolf)'라는 노래가 나옵니다. 일본에서도 유명한 이 노래는 한창 대불황에 시달리던 미국 국민에게 큰 용기를 북돋아주면서 국민적 애창곡으로 공전의 히트를 기록하고, 애니메이션 음악으로서는 처음으로 베스트셀러에 오릅니다.

또 1937년에 총력을 기울인 세계 첫 장편 컬러 애니메이션 「백설공주와 일곱 난쟁이」에서 자신들의 음악 비즈니스에 방향성을 결정짓습니다. 작품 속에 등장한 'Heigh Ho' 'Someday My

Prince Will Come' 등이 큰 인기를 끌었고, 세계 최초로 '사운드 트랙 레코드'를 발매하여 애니메이션 음악이 비즈니스로 성립됨을 증명하였습니다.

그런데 일본 애니메이션 음악은 오랜 세월 동안 그만한 지위를 얻지 못했습니다. 1917년에 일본에서 첫 애니메이션이 탄생한 이후로 실로 수많은 작품이 제작되었지만, 화제가 된 곡은 탄생하지 않았고, 물론 히트한 음악도 없었습니다. 그런데 1960년대에 들어서 이러한 상황이 깨지게 됩니다. 「우주소년 아톰」의 주제곡이 도화선이 되어 TV 애니메이션에서 잇달아 히트곡이 생기기 시작한 것입니다. 다만 그 사회적·문화적 지위는 낮았고, 제대로 된 레코드가 아닌 질 낮은 소노시트로 판매하는 상황이었습니다.

애니메이션과 음악 산업의 만남

그런 애니메이션 음악이 비즈니스로서 본격적으로 주목을 받는 계기가 된 것은 애니메이션 산업 시대를 열게 한 「우주전함 야마토 (극장판)」(1977년)부터입니다. 이때 주제곡이나 사운드트랙을 중심으로 음악 상품 매출이 150억 엔을 돌파했습니다(기무라 히데토시 「THE 히트 애니송은 이렇게 만들어졌다」). 레코드의 평균가가 1,500엔이라고 쳐도 1,000만 장! 밀리언셀러가 거의 나오지 않는 현재의 음악 상황을 생각하면 꿈만 같은 숫자지만, 「우주전함 야마토」는 음악 면에서도 혁명을 일으키고, 미래의 애니메이션 음악 비즈니스의 한 형태를 만들었다고 할 수 있습니다.

그로부터 40년이 지난 현재 애니메이션에서는 음악 자체가 작품의 테마가 되기도 합니다. 과거에도 「초시공 요새 마크로스」나 「천

사소녀 새롬이(원제: 마법천사 크리미마미)」 등 음악이 중요한 작품은 있었지만, 극소수파였습니다. 춤이나 악기 연주 같은 리얼한 표현이 애니메이션에서는 어렵기 때문입니다.

2000년대부터 디지털 기술이 도입되어 묘사력이 한층 높아졌을 때 등장한 것이 2009년의 「케이온」입니다. 이 작품을 봤을 때의 놀라움은 지금도 잊을 수가 없습니다. 지금까지 거의 생략되었던 기타나 피아노를 치는 손가락 움직임, 드럼을 때리는 스틱의 움직임 등 선율에 맞추어 움직이는 세세한 연주 묘사가 「케이온」에서 멋지게 재현되었기 때문입니다. 이 작품은 제작진의 피나는 노력으로 대성공을 이루었고, 이후부터 음악이 테마인 애니메이션이 둑 터지듯 만들어지게 되었습니다.

음악 제작비를 설정하지 않는 TV 애니메이션의 미스터리

일본 애니메이션 음악의 특징으로 말하자면 TV 애니메이션 제작비에 음악 제작비가 포함되어 있지 않다는 점입니다. 덧붙이자면 극장 애니메이션에는 음악 제작비가 있습니다. 해외에서는 TV든 극장이든 예산이 붙습니다. 그런데 왜 일본에는 유독 TV 애니메이션만 음악 제작 예산이 없는 걸까요? 또 누가 그런 음악을 만드는 걸까요?

잠깐 이야기를 거슬러 올라가면 「우주전함 야마토」의 음악 관련 상품이 공전의 대성공을 이룬 이후로 음악 업계는 본격적으로 애니메이션 음악에 팔을 걷어붙이게 되었습니다. 애니메이션으로 히트곡을 만들어내자고 생각한 그들은 점차 자신들이 팔고 싶은 가수나 곡을 애니메이션 주제곡에 넣게 되었습니다.

그 결과 애니메이션의 내용과 주제가가 분리되는 현상이 생기게 되었습니다. 간단히 말하자면 애니메이션 제목이나 캐릭터가 가사 속에서 사라지게 되었습니다. 요컨대 애니메이션의 오프닝곡/엔딩곡이 레코드 회사에 속한 가수와 곡 홍보를 위한 프로모션 영역이 된 것입니다. 레코드 회사가 음악 제작비를 부담하는 대신 작품의 오프닝/엔딩을 차지한다고 봐도 무방합니다.

이는 바람직한 현상이라고 볼 수 없으나, 이 상황을 애니메이션 업계는 아직 벗어나지 못하고 있습니다. 음악이 애니메이션에서 중요한 비즈니스임은 월트 디즈니의 예를 볼 것도 없이 명백합니다. 애초에 음악과 영상은 떼려야 뗄 수 없는 관계입니다. 제작 스튜디오도 조금은 더 적극적으로 음악에 관여해도 되지 않을까 생각합니다.

해외

거대한 위장으로 일본 애니메이션을 소비하는 중국과 한국

구글 재팬의 실태를 보면 애니메이션의 해외 전개를 파악할 수 있습니다. 애니메이션 라이선스(상영권, 방영권, 비디오화권, 상품화권, 송출권)의 계약 대상국/지역 수는 2016년에 221개국/지역이 되었습니다. 또 계약 수도 급증하여 6,639건이나 되었고, 전 세계에 일본 애니메이션이 퍼지게 되었습니다.

2016년에 최고 계약 건수를 기록한 나라는 중국(335건)이었습니다. 첫 1위로서 지금까지는 4위(09년)→3위(10년)→7위(11년)→9위(12년)→6위(13년)→4위(14년)→2위(15년)이란 추이를 보입니다. 2011년부터 2012년에 동중국해 영토 분쟁의 영향으로 순위가 떨어지

해외 계약 대상국과 지역 수 추이 (단위: 국·지역)

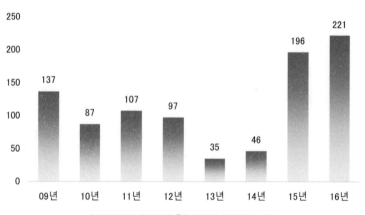

출처: 일본애니메이션협회 『애니메이션 산업 리포트 2017』

지 않았다면 훨씬 일찍 1위가 되었을지도 모릅니다. 심지어 10억 명이 넘는 인구가 있으니 아직도 위장에 여유가 있어 보입니다. 정부의 규제가 없다면 앞으로도 계속 늘어나겠지요.

그 뒤로 한국, 대만, 미국, 오스트레일리아, 프랑스, 캐나다 순으로 이어지는데, 사실 2009년부터 2016년까지의 누적 계약 건수는 한국이 압도적으로 많습니다. 드라마에서는 한국이 일본으로 수출하는 것이 주류지만, 애니메이션에서는 일본이 수출하는 입장인 셈입니다.

원래부터 아시아의 계약 건수가 많았지만, 중국의 수요 증가로 2016년 이후에는 아시아가 40%에 육박하게 되었습니다. 중국, 한국, 3위인 대만까지 이웃 세 나라의 계약 건수 합계가 전체의 13.5%를 차지하고, 홍콩, 타이, 마카오, 필리핀, 베트남, 싱가포르와 같은 나라들도 20위 이내에 들었습니다.

북미와 오세아니아, 서양은 최근 2년간 계약 수가 증가하기는 하

일본 애니메이션 해외 계약 건수 추이 (단위: 건)

09년	10년	11년	12년	13년	14년	15년	16년
1667	1673	2057	1505	989	1022	4345	6639

출처: 일본애니메이션협회 『애니메이션 산업 리포트 2017』

나, 아시아에 비하면 아직 비중이 적은 편입니다. 그렇지만 전체적으로 시장이 확대 추세에 있는 것 만큼은 확실합니다.

포켓몬 열풍으로 팔리는 일본 애니메이션

2015년부터 해외 시장에서 애니메이션 수출이 급가속하게 되는데 2016년에는 계약 건수가 무려 전년 대비 1.5배 이상 증가합니다. 조사를 시작한 이후로 과거 최고였던 2005년의 313억 엔을 크게 웃도는 459억 엔으로 최고치를 기록합니다. 그런데 왜 저번 최고치가 11년이나 전일까요?

먼저 왜 2000년대에 들어서부터 일본 애니메이션 수출액이 늘었을까요? 그건 「포켓몬」의 세계적인 대히트로 해외에서 일본 애니메이션을 사들이기 시작해서입니다. 1990년대 말부터 2000년대 초반에 걸쳐서 전 세계에 일어난 포켓몬 열풍은 전대미문의 일이었습니다. 게임은 물론이고 포켓몬 카드의 폭발적인 인기, 미국

2016년에 일본 애니메이션을 40건 이상 수입한 국가들 (단위: 건 / 40건 이상)

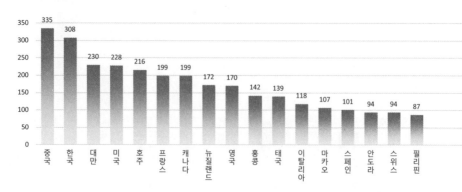

에서 판매된 비디오만 2000만 개(3000만 개라는 설도 있습니다), 포켓몬 극장판 1탄이 아시아 영화로서 처음으로 북미 박스 오피스 1위 획득(위클리 랭킹) 등 역대 최고의 캐릭터 붐을 일으켰습니다.

이로 인해 해외에서는 일본 애니메이션 작품에 흥미가 일었고, 제2의 포켓몬 찾기가 시작되었습니다. 제가 몸담았던 '매드하우스'에도 디즈니와 드림웍스 등 내노라하는 유명 제작사에서 담당자가 찾아와 어떤 기획이 있느냐고 이것저것 마구 제안했었습니다.

그런데 나중에 생각해 보니 양쪽에는 커다란 인식의 차이가 있었습니다. 상대방도 일본에 성인 애니메이션이 있다는 지식이 없어서겠지만, '매드하우스' 같은 제작소에 와도 포켓몬 스타일의 기획을 얻을 리가 없었습니다. 매드하우스가 「무사 쥬베이」를 만들었던 제작사인 걸 알고는 왔는지, 아니면 가족용 작품을 만든다고 생각했었는지…… 이러한 오해는 있었지만, 제2의 포켓몬을 찾으려는 움직임이 2005년에 과거 최고 애니메이션 수출액을 기록하게 했습니다.

출처: 일본애니메이션협회 『애니메이션 산업 리포트 2017』

포켓몬 환상이 사라지고 바닥으로

그러나 포켓몬을 향한 환상이 끝나면서 이듬해부터 애니메이션 수출이 시들해지기 시작합니다. 행운은 두 번 반복되지 않는 법입니다.

설상가상 그 시기부터 일본 애니메이션 수출에 연달아 재난이 덮칩니다. 제일 먼저 DVD 패키지 시장의 붕괴를 들 수 있겠습니다. 국내는 패키지 형태를 지향하는 탄탄한 팬층 덕분에 겨우 버텼지만, 해외에서는 해적판 인터넷 유포도 확대되어 심각한 상황에 빠졌습니다. 2006년에는 중국에서 해외 애니메이션 규제가 시작되었고, 주요 대상이 된 일본 애니메이션은 황금 시간대의 방송이 금지되었습니다. 그리고 2008년에 일어난 미국의 금융 위기로 맞은 세계 불황과 그에 동반된 엔고 현상. 심지어 2010년대에 들어서 동중국해를 둘러싼 일련의 사건으로 사태는 더욱 악화하였습니다. 그리하여 2013년, 2014년에 최악의 상태를 맞이하게 되는데, 그것이 이듬해인 2015년부터 극적으로 성장하기 시작합니다.

'사재기'로 유지된 해외 시장

그 최대 요인은 중국입니다. 세계 경제를 의식한 중국 정부가 무법 상태였던 인터넷 기업에 정식으로 콘텐츠를 구매하도록 통지를 낸 경위가 그 배경입니다. 정부의 힘이 절대적인 중국에서 인터넷 대기업을 중심으로 미국 드라마나 일본 애니메이션 등을 싹쓸이하듯 구매하기 시작합니다. 그래서 인터넷 기업간에 경쟁이 치열해지면서 콘텐츠 가격이 급등한 것입니다. 또 크런치롤(Crunchyroll)

이나 훌루. 넷플릭스와 아마존 등의 수출 효과도 빠트릴 수 없습니다. 만약 중국과 그 외의 각국에 네트워크를 가진 국제적 플랫폼이 하나가 되어 기능한다면 애니메이션 수출은 더욱더 늘어날 가능성이 있습니다.

그런데 한편으로는 앞서 기술했듯이 중국 정부 체제에 대한 불안도 숨길 수가 없습니다. 정치가 최우선인 중국에서는 상황에 따라서 일본 애니메이션 서비스를 간단히 막을 수도 있습니다. 실제로 2016년 즈음부터 해외 애니메이션에 대한 방송 규제가 스트리밍에도 미치는 낌새가 있었습니다.

관점을 바꿔 보면 국제적 플랫폼도 위험한 존재입니다. 유통망이 지나치게 거대해지면 콘텐츠 제작사가 플랫폼에 종속될 가능

일본 애니메이션 해외 매출 추이 (단위: 막대 - 100만$, 꺾은선 - 억 엔)

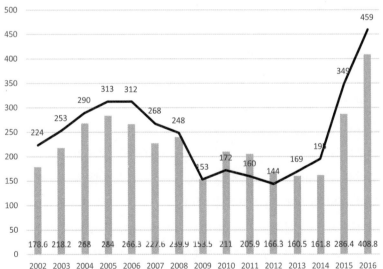

출처: 일본애니메이션협회 조사를 토대로 모리 유지가 분석

성이 생깁니다. 애초에 일본에는 할리우드처럼 국제적인 유통망을 가진 콘텐츠/엔터테인먼트 기업이 없으므로 넷플릭스나 아마존 같은 초강력 해외 플랫폼에 다방면(작품 방향성부터 제작비까지)으로 주도권을 넘기게 될 위험이 다분합니다.

이야기가 잠깐 옆길로 새는데, 일본에는 디즈니를 지향하는 회사가 없습니다. 최고의 퀄리티를 가진 콘텐츠를 최강의 유통망으로 전 세계 소비자에게 보이겠다는 발상이 없는 것입니다. 일본 미디어와 콘텐츠는 국내 지향이 강한 탓에 세계 유통에 힘쓰지 않습니다. 이대로는 압도적인 강자가 되기 시작한 해외 사업자에 압도될 겁니다. 본래라면 자국 업체가 글로벌 유통망을 확보 했느냐 아니냐가 '쿨 재팬 전략(※ 세계에 일본의 콘텐츠를 확산하기 위해 콘텐츠 기업들의 해외 진출을 지원하겠다는 전략)'에서 가장 중요한 과제일 터인데도 정부가 잇달아 발표하는 전략을 보면 그런 발상을 하는 사람이 거의 없어 보입니다.

일본 애니메이션이 해외에서 팔리는 세 가지 이유

현재 국내 시장에서는 거의 100%, 해외에서도 시장 점유율이 상당한 일본 애니메이션이지만, 이것은 '쿨 재팬' 전략이 나오기 이전부터였습니다. 물론 국가 정책으로 이루어진 것도 아니고, 애니메이션 산업계가 주도적으로 전략을 세운 것도 아닙니다. 정신을 차려 보니 팔리게 된 측면이 큽니다.

그럼 애초에 왜 일본 애니메이션이 해외에서 잘 팔릴까요?

이유는 세 가지, '오락성', '경제성', '생산성'입니다. 일본 국내에서는 강력한 만화 문화의 성장으로 애니메이션을 자연스럽게 받아

들이게 되었지만, 그런 흐름이 없는 국가에서도 일본 애니메이션이 인기를 끈 것은 이 세 가지 요소를 전부 갖추어서입니다.

도에이 애니메이션 창립자인 오카와 히로시(大川博)가 '아시아의 디즈니가 되겠다'라는 마음가짐으로 제작한 초기 도에이동화 작품은 퀄리티도 높아서 해외에서도 큰 실적을 올렸습니다. 그러나 디즈니 애니메이션 시대가 되자 과격하게 예산을 절약한 리미티드 기법으로 제작한 일본의 저예산 애니메이션이 세계시장에서 통할 거라고는 아무도 생각하지 않게 되었습니다. 그래서 애니메이션 제작자 입장에서는 격렬한 국내 경쟁에서 이기는 것이 우선이었고, 해외 판매는 엄두도 내지 않았습니다.

그런데 1970년대부터 점차 일본 애니메이션이 해외에 서서히 퍼지기 시작합니다. 계기는 저렴한 가격과 풍부한 콘텐츠에 있습니다. 해외 구입처 입장에서 보면 자국에서 애니메이션을 제작하는 것보다 훨씬 저렴하고 재미있는 데다 재고도 대량으로 있는 셈입니다. 그 상황을 '80년대 이후, 특히 90년대의 일본 만화와 애니메이션의 세계화 현상은 일본의 국가 이미지 때문이라기보다 다채널화와 정보 세계화 시대에 상대적으로 저렴하고, 경쟁력이 있는 상품으로서 시장을 확대한 결과로 보인다'(『만화세계전략』228항)라고 나쓰메 후사노스케가 정확하게 지적했듯이 일본 애니메이션이 세계에 진출하게 된 이유는 파격적인 가격과 경제성에 있었던 겁니다.

아무런 실적도 없었던 해외에서 이런 경제적 요소가 큰 힘을 발휘했고, 거기에 작품의 재미를 인정받은 덕택에 일본 애니메이션은 지위를 확고히 다져 나갔습니다. 싸고 재미있고, 대량의 재고를 뽑내는 일본 애니메이션에 한 번 의지하게 되면 지극히 당연하게도 그 체제에서 벗어나기 어려워집니다. 그 결과, 정신을 차리니 전 세계에 일본 애니메이션이 널리 퍼지게 된 것입니다. 그러나 이 상황은 의도한 결과가 아닙니다. 그 사실을 염두에 두고 이번에야 말로 일본의 디즈니가 될 인물, 회사가 나타나길 기대해 봅니다.

유흥

세계에서 유일한 도박과 애니메이션의 관계성

일본 애니메이션의 특징 중 하나인 성인 애니메이션의 특수성이 최대로 발휘되는 곳이 바로 유흥 부문입니다. 디즈니를 예로 들 것도 없이 애니메이션, 특히 카툰에서는 기본적으로 도박 장면이 금지입니다. 그런데 일본에서는 애니메이션과 제휴한 파칭코·파치슬롯 기계의 출하액이 2,818억 엔이나 됩니다.

이러한 제휴가 생긴 시기는 2000년대 중반부터로 그렇게 먼 과거는 아닙니다. 저는 도박을 일절 하지 않기 때문에 파칭코·파치슬롯에서 만화와 애니메이션 콘텐츠가 얼마나 사용되는지 전혀 몰랐습니다만, 일본애니메이션협회가 실시한 애니메이션 기업 조사로

애니메이션과 제휴한 파칭코·파치슬롯머신 출하 매출 추이 (단위: 억 엔)

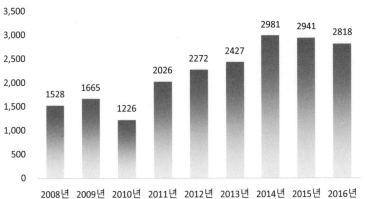

출처: 일본애니메이션협회『애니메이션 산업 리포트 2017』

비로소 그 존재를 알았습니다.

2002년부터 이 조사를 시작하였는데 2004년부터 '그 외' 항목의 숫자가 갑자기 몇 배나 뛰어오른 것입니다. 알고 보니 실체는 파칭코·파치슬롯 관련 매출(판권허가, 영상제작 등)이었습니다. 이를 고려하여 2008년부터는 매출 장르에 '유흥'이라는 항목이 탄생하는데 항목이 생길 당시부터 1,528억 엔이라는 거대한 시장이었습니다.

일반적으로 파칭코·파치슬롯에 쓰이는 영상 제작비가 애니메이션 방송 제작비보다 훨씬 많이 든다고 합니다. 그래서 파칭코·파치슬롯에 애니메이션 캐릭터를 사용하게 된 2000년대 중반부터 라이선스 수입이나 영상 제작이 급격히 증가하기 시작합니다.

이것이 3D 그래픽의 수요 증가와도 이어집니다. 애니메이션 업계에 CG가 보급된 계기도 유흥의 영향이 상당히 컸을 것으로 봅니다. 다만 최근에는 젊은 층의 도박에 관한 무관심과 규제 강화로 살짝 시장이 축소되는 경향입니다. 아마 이후에 탄생하는 카지노가 그 시장을 이어받게 되지 않을까 생각합니다.

라이브 행사

성장이 두드러지는 새로운 시장

애니메이션 수익 항목에 마지막으로 탄생한 것이 라이브입니다. 이 분야의 통계가 나온 시기가 2013년. 애니메이션이 주제인 콘서트나 이벤트, 2.5차원 뮤지컬, 전시회의 인기를 의식하면서인데 그 성장은 점차 가속하고 있습니다. 원래 애니메이션과 라이브 행사는 관계가 깊습니다. 옛날부터 인형극이나 콘서트는 열렸었는데(원조 2.5차원 뮤지컬인 다카라즈카의 『베르사유의 장미』도 빠질 수 없습니다) 최근 들어 형태가 확실해진 것은 역시나 양적 주류가 된 성인 애니메이션의 영향도 무시할 수 없습니다.

2013년부터 라이브 시장 추이를 보면 어느 분야도 순조로이 숫자가 늘고 있습니다. 유일한 걱정이라면 행사장 부족 현상일까요. 올림픽을 앞두고 수많은 시설이 수리에 들어가면서 행사장이 부족해지는 이른바 '2020년 문제'에 의한 것입니다.

라이브 행사가 인기 있는 이유

왜 애니메이션 행사가 인기 있는 걸까요?

이것은 사회적 흐름과도 연관이 있습니다. 콘서트나 연극(뮤지컬 포함) 등 라이브 시장(애니메이션 라이브 시장을 포함)의 추이를 보면 콘서트가 굉장한 기세로 성장 중입니다. 이것은 디지털을 매체로 의사소통이 원활해지면서 실제로 만나는 고밀도 인간관계에 가치를

라이브, 이벤트 시장 추이 (단위: 백만 엔)

	항목	2013	2014	2015	2016	전년비	개요
1	무대·이벤트	10,788	12,875	20,203	30.217	149.6%	a, b의 합계
	a 애니송 라이브	6,888	8,565	14,784	24,712	167.2%	애니송, 성우를 주체로 한 라이브나 콘서트 티켓 매출
	b 애니메이션 이벤트	3,900	4,310	5,419	5,505	101.6%	애니메이션이 주제, 혹은 성우가 주체인 이벤트나 무대 티켓 매출
2	2.5차원 뮤지컬	8,698	9,428	10,395	12,907	124.2%	2.5차원 뮤지컬 (애니메이션, 만화, 게임을 원작으로 한 무대 콘텐츠 통칭) 티켓 매출
3	라이브 뷰잉	494	1,370	2,563	3.291	128.4%	애니송, 애니메이션 이벤트나 뮤지컬 등 라이브 뷰잉 티켓 매출
4	애니메이션 박물관·관련 전시회	4,500	5,409	9.289	9,108	98.1%	c, d의 합계
	c 박물관	—	3,358	6,323	6,087	96.3%	애니메이션을 주제로 한 박물관 티켓 매출
	d 전시회	—	2,051	2,966	3,021	101.9%	애니메이션을 주제로 한 전시회 티켓 매출
6	애니메이션 카페	—	2,000	5,000	6,000	120%	애니메이션을 주제로 한 카페, 식당 사업 매출
	합계	24,480	31,082	47,450	61,523	129.7%	

피아 종합연구소 조사, 나머지는 일본애니메이션협회 독자 조사로 산출

두게 되었기 때문입니다. 바로 물건보다 한 번의 체험을 더 중시하는 '체험 소비'입니다.

　그러나 물건보다 체험이라면서도 실제로 행사장에서 판매하는 상품 매출도 어마어마한 수익을 창출합니다. '행사장 한정, 매진 기념상품'이라는 측면이 강해서인데 객단가도 높아서 콘서트, 이벤

트의 주요한 수입원이 되었습니다. 아직 통계를 내지 못하는 상태
이긴 하나, 아마도 현재 애니메이션 라이브 시장(티켓 시장)과 규모
가 엇비슷할 것으로 추측합니다.

소셜 게임

소셜 게임이 일본 애니메이션의 미래를 연다?

유흥이 하나의 장르로 독립했을 때와 마찬가지로 현재 그 수익이 상당히 커다란 시장이 되어 있다고 예상되는 것이 소셜 게임이었습니다.

조금 전에 설명한 '애니플렉스'의 결산 공고에서 표면화된 이 현상은 애니플렉스가 애니메이션 비디오 제작사라는 범주로만 묶을 수 없는 존재가 되었음을 나타냅니다. 동시에 애니메이션에서 '소셜 게임'을 어떻게든 정의해야 하는 시기가 왔음을 보여주기도 합니다.

애니메이션과 소셜 게임의 관계에 관해서 어느 쪽이 먼저냐는 주종관계 문제도 있겠지만, 「Fate」 시리즈를 보면 알 수 있듯이 앞으로는 일체화한 IP/콘텐츠로 볼 필요가 있을지도 모릅니다. 어쨌거나 애니메이션 업계에서 소셜 게임의 존재가 점점 커지고 있는 것만은 사실입니다. 라이브에 이어서 새로운 창구가 탄생할 날이 코앞까지 다가온 것만은 틀림없을 겁니다.

Q2

애니메이션 산업은 계속 성장할까?

총 제작 분수는 늘고 있다

앞장에서는 애니메이션 산업을 구성하는 시장의 동향을 각 분야별로 살펴보았습니다. 한마디로 애니메이션 산업이라고 해도 그 안에 다양한 비즈니스가 있고, 각각 흥망성쇠가 있었음을 파악했을 겁니다.

전체로는 점진적으로 발전하는 추세인 애니메이션 산업이지만, 과연 앞으로도 그 성장이 순탄할까요?

어느 애니메이션 비즈니스도 작품이 없으면 성립하지 않습니다. 애니메이션 자체의 성장을 수치로 재기는 어렵지만, 애니메이션의 '양'을 지표로 생각해 본다면 TV 애니메이션 제작량이 제자리걸음인 상태는 불안한 징조로 느껴집니다.

그러나 사실 애니메이션 총 제작 분수 자체는 늘고 있습니다. 극장 애니메이션 제작 분수는 늘고 있고, 정확한 통계가 나오지 않은 스트리밍 플랫폼의 장편 작품들까지 포함하면 제작 분수 증가 폭

극장 애니메이션 제작 분수 추이 (단위: 분)

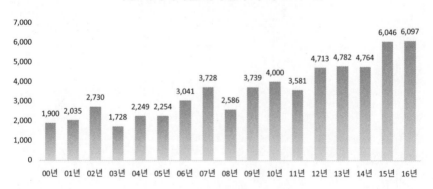

출처: 일본애니메이션협회 『애니메이션 산업 리포트 2017』

은 더 커질 거라고 볼 수 있습니다.

하지만 앞으로도 계속 늘어날지 어떨지는 아직 알 수 없습니다.

허덕이는 애니메이션 제작 현장

어째서 제작 분수 증가 여부에 대한 예측이 불확실하냐면 제작 현장의 수용 용량이 가득찼기 때문입니다. 2, 3년 전부터 주요 애니메이션 제작사의 간부에게 '우리 회사는 2년 앞까지 스케줄이 꽉 찼다'는 발언을 자주 듣게 되었습니다. 엄밀히 말하면 '제작 예약이 들어와 있다'는 표현이 맞겠지만(일정이 틀어지는 경우도 종종 있습니다), 현재에도 그런 상태가 이어지고 있는 건 사실입니다.

이러한 상황에서 '2016년 위기'라는 이야기가 돈 적도 있습니다. 2015년 무렵부터 애니메이션 제작 현장에서 거론되었던 문제인데, 당시에 기획한 작품이 전부 실현되려면 기획부터 방송까지 약 1년 반에서 2년이 걸리므로 2016년에는 제작 현장의 용량이 초과한다는 이야기입니다. 사실 2016년 전후부터 작품 방송일이 늦어진다, 혹은 시리즈 자체를 연기하는 사태가 드문드문 보입니다. 물론 지금까지도 어떻게 해서든 이어지고는 있지만 아무래도 애니메이션 제작 현장에 한계가 온 듯합니다.

실제로 제작 현장은 어떤 상황인가?

그런 현장 상황을 제작사들은 어떻게 인식하고 있는가 살펴봅시다. 2017년에 일본애니메이션협회가 애니메이션 스튜디오에 의뢰한 설문지에 제작사들은 이렇게 회답하였습니다.

- '신규 참여한 회사가 늘어난 탓에 작품 수가 늘었고, 스태프 확보가 어려워졌다'
- '전체적으로는 점차 활발해지고 있으나 한편으로는 일손 부족을 많이 느낀다. 특히 일정 능력 이상의 경험자가 부족하여 최근 1년 정도 신규 안건에 대응하지 못하는 상황이 빈번해졌고, 매출에도 하나의 장해 요인이 됐다는 점은 부정할 수 없다'
- '크리에이터 인재 부족. 양성해도 부족한 상황'
- '인재 부족으로 제작 효율성 악화'

애니메이션 제작 프로젝트는 많아졌는데 제작 인력을 확보하지 못한 탓에 제안을 거절해야 하는 상황이 생기고 있습니다. 또 인력 부족으로 납기 기한에 맞추고자 시세보다 비싸게 발주하는 등, 제작의 비효율도 지적됩니다. 어쨌거나 현장 인력이 부족한 것은 틀림없는 사실이며 수요에 양성이 따라잡지 못하는 상태임을 알 수 있습니다.

이러한 상황을 더 악화시키는 것은 근래에 들어서 더욱 엄격해진 퀄리티 요구입니다.

- '시청자가 원하는 퀄리티는 점점 높아져만 가는데 인력 확보, 스케줄 조절이 어려워서 수지가 맞지 않는 안건이 늘었다'
- '요구하는 퀄리티와 제작비의 괴리 증가로 제작 현장의 부담 증가'
- '특히 중국의 수요가 증대하면서 작화 시세가 급등하였고, 일본의 일반적인 TV 작품의 예산 내에서 해결되지 않는 사례가 간간이 보인다'

요구하는 퀄리티는 매년 올라갔지만 2010년대에 들어서 지상 디지털화로 완전히 이행되고부터 그 요구가 한층 더 심해지기 시작했습니다. 2006년에 역대 최고로 많은 작품이 쏟아져 나왔을 때는 해외 제작사 위탁 비중을 높여서 위기를 모면했지만, 요구되는 작품 퀄리티가 더 올라간 현재는 그런 수를 쓸 수도 없습니다. 아무튼 현재 제작 현장의 가장 큰 애로사항은 인력 부족이라고 할 수 있겠습니다.

애니메이션이 점점 짧아진다?

인재난에 허덕이는 제작 상황에서 나타난 특징적인 현상은 쇼트 애니메이션의 증가입니다. 본서에서는 10분 미만의 작품을 쇼트 애니메이션으로 정의하겠습니다. 이것은 2000년대 후반부터 증가하기 시작했고, 2014년부터 급증하였습니다.

쇼트 애니메이션이 증가한 이유로는 두 가지를 들 수 있습니다. 빠른 생활 리듬과 디지털 크리에이터의 성장입니다.

전자는 생활 전반에서 보이는 현상으로 사람들이 애니메이션뿐만 아니라 단시간에 소비할 수 있는 콘텐츠를 원하는 경향을 보이고 있어서입니다. 후자는 디지털 크리에이터의 출현으로 지금까지보다 저렴하게 애니메이션을 제작하게 되었고, 「종이토끼 로페」와 같은 성공 사례가 나타나면서 쇼트 애니메이션 제작의 촉진제가 되었습니다. 무엇보다 30분이란 방영 시간을 맞춰야 하는 부담이 적으므로 웹 애니메이션 감각으로 편하게 기획할 수 있는 점이 매력입니다.

2000년대에 들어서부터 속속 등장하는 디지털 크리에이터들은 최근에 와서 상업 작품을 제작을 위한 유용한 전력이 되고 있습니다. 컴퓨터와 프로그램을 능숙하게 다루며 혼자서 애니메이션을 제작하는 이들의 방식은 초반에는 매주 30분 분량의 방송을 만들어야 할 정도의 제작량을 감당하기 어려워 좀처럼 상업적 제작 라인에 오르지 못했었습니다. 그런데 2010년대에 들어서 쇼트 애니메이션의 수요가 증가하면서 이런 디지털 크리에이터들이 상업 애니메이션을 떠받치는 큰 전력이 되었습니다.

신카이 마코토나 후카우라 야스히로, FROGMAN이나 라레코, 모리 료이치와 같은 스튜디오 출신이 아닌 크리에이터가 애니메이션 업계의 주류를 맡게 되고, 그들의 뒤를 이어 많은 크리에이터들도 등장하였습니다. '2016년 위기'는 여전히 진행 중이지만, 이를 보완할 제작 인프라 구축은 계속되고 있습니다.

10분 미만 TV 쇼트 작품 수 추이/단위: 분

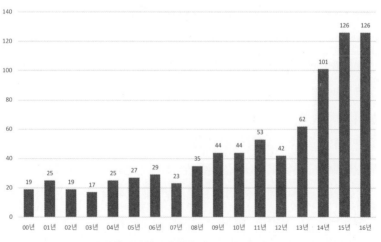

출처: 일본애니메이션협회 『애니메이션 산업 리포트 2017』

환상의 4차 애니메이션 열풍?

서장에서는 현재 애니메이션 산업의 급성장을 4차 애니메이션 열풍이라고 평가했지만, 사실 그렇게 단정할 수 없는 구석이 있습니다. 국내 시장과 해외 시장을 대비해 봅시다. 일본의 국내 시장은 2014년이 절정기였음을 알 수 있습니다. 바로 총 제작 분수가 정체기에 들기 시작한 시점, 애니메이션 제작 용량의 한계에 접어든 시기입니다.

그런데 2015년부터 2016년에 해외 매출이 급증했음을 알 수 있습니다. 다시 말해 '4차 애니메이션 열풍'의 실태는 해외 매출에 의한 것이었던 겁니다. 해외 매출은 2014년부터 2015년에 걸쳐

일본 애니메이션 산업 시장 추이(국내·해외)**/단위: 억 엔**

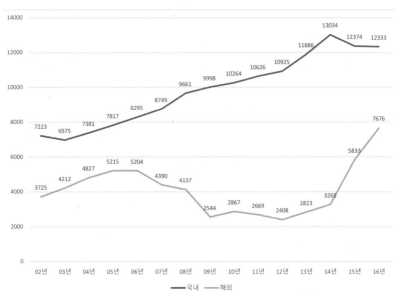

출처: 일본애니메이션협회 『애니메이션 산업 리포트 2017』

179% 증가, 이듬해인 2016년에는 131%가 더 증가하여 7,676억 엔에 이릅니다. 고작 2년 사이에 2.35배나 오른 셈입니다.

이에 가장 큰 요인은 앞 장에서도 지적했듯이 중국의 '사재기' 입니다. 중국의 대형 사이트 '优酷/YOUKU' '爱奇艺/iQiyi' '哔哩哔哩/bilibili' '土豆/todou' '搜狐/sohu' '56.com' '腾讯视频/TencentVideo' '新浪视频/video.sina.com' 등이 정식으로 작품을 구매하라는 중국 정부 지시를 받고, 2012년부터 서로 경쟁하며 일본 애니메이션 작품을 사들이기 시작합니다. 그래서 구매 가격이 점차 폭등하고, 역사상 최고액이라 할 수 있는 금액에 거래하게 된 것입니다.

물론 넷플릭스나 아마존 프라임과 같은 미국발 스트리밍 서비스로 시장이 확대된 효과도 있었지만, 수학적으로 따지면 압도적으로 중국 영향입니다. 오랫동안 중국의 해적판, 불법 인터넷 다운로드에 시달려왔던 일본에 있어서 여러 해 쌓인 마이너스를 단번에 회수할 절호의 기회가 되었습니다.

하지만 이 현상이 오래 지속될 거라고 속단할 수는 없습니다. 중국은 때때로 바뀌는 정세에 따라 문화 방침도 180도 달라집니다. 실제로 일본 애니메이션은 2006년부터 방송 금지 상태였지만 그러한 상황에서 해적판 DVD 유통, 불법 인터넷 다운로드가 활개를 쳤었습니다. 인터넷에도 언제 규제가 내려질지 모르는 상황입니다. 또다시 동중국해 분쟁과 같은 문제가 일어나면 애니메이션을 막을지도 모릅니다. 그럼에도 중국의 사재기로 4차 애니메이션 열풍이 될 가능성도 충분히 있는 셈입니다.

애니메이션 비즈니스가 확대하는 반면, 늘지 않는 애니메이션 제작

애니메이션 비즈니스를 확대하는 기업은 증가하고 있습니다. 세계적 영상 스트리밍 플랫폼인 넷플릭스나 훌루, 아마존 프라임 비디오가 독자적으로 제작에 가담하게 되었고, 특히 넷플릭스는 자사 작품 발표회 '넷플릭스 애니메이션 슬레이트 2107'에서 저명한 원작을 포함한 십여 작품의 제작을 발표하였습니다. 그 대부분이 도에이 애니메이션이나 TMS 엔터테인먼트 등 대형 애니메이션 제작사와의 제휴였습니다.

또한 애니메이션 제작, 애니메이션 비즈니스를 구상하는 신규 참가자도 늘고 있습니다. 그중에 특히나 많은 곳이 앱 개발 회사입니다. 사이버 에이전시의 사이게임즈(Cygames)가 애니메이션을 제작하는 CygamesPictures를 설립한 것을 필두고 온라인 게임으로 히트를 친 DMM.com이 DMM pictures, 소셜 게임으로 성장한 DeNA가 소츠(創通)와 문화방송(文化放送)과 손을 맞잡고 오리지널 애니메이션 프로젝트 'Project ANIMA'를 설립하는 등, 활발한 움직임을 보이고 있습니다.

또 최근에는 제작위원회의 이름에 지금까지 본 적 없는 기업들이 다수 보이기 시작했습니다. 애니메이션 주변 사업을 하는 회사(음향회사, 포스트 프로덕션, 피규어 제작 등)나 중국계 기업(bilibili, 腾讯视频, JY Animation, 유쿠투더우 재팬 등)이 눈에 띕니다.

심지어 애니메이션과 직접 관계가 없는 분야 기업의 이름도 볼 수 있습니다. 비철 금속 회사인 츄가이 광업(「게이머스!」), 전선, 통제 장비, 전자부품 등 전문상사 가네츠의 자회사인 가네츠 인베스트먼트(「나만이 없는 거리」, 「데미는 이야기 하고 싶어」), 변호사 사무소인 긴자 파트너즈 법률사무소(「바쿠온!!」) 등입니다. 참가하게 된 사정은 잘 모르지만, 다른 업계도 애니메이션 비즈니스에 관심을 보인다는 것을 엿볼 수 있습니다.

TV 애니메이션 제작 분수가 늘지 않는 이유

애니메이션 비즈니스 기회를 잡을 가능성을 띤 신규 참가자가 많아지면 산업계에도 좋은 일이기는 하나, 제작 현장은 한계에 달한 상태입니다. 새로운 제작 회사도 그럭저럭 생기고 있지만, 가장 중요한 애니메이터가 갑자기 자랄 턱이 없으므로 결국 TV 애니메이션 제작 분수가 늘지 않는 상황이 되었습니다. 그러한 상황에서 통계로는 나타나지 않지만, 제작이 늘어날 가능성을 보이는 것이 영화와 스트리밍 분야입니다.

앞 장에서 이야기했듯이 영화 업계에는 '2019년 위기'라는 소리가 나옵니다. 일반적으로 극장 애니메이션 제작에는 3년 정도가 걸립니다. 「너의 이름은.」의 대히트에 자극을 받은 업계 사람들이 많겠지만, 그들이 극장 애니메이션을 만든다고 해도 그 기획이 실현되는 건 2019년부터 2020년 사이입니다. 아마 그 무렵에 공개될 극장 애니메이션도 상당히 많으리라 예측됩니다.

또 스트리밍용 작품 기획도 다수 움직이고 있습니다. 2018년부터 시작되는 넷플릭스 오리지널 애니메이션 기획도 작품 수가 상당할 것으로 예상합니다. 그러면 본격적으로 제작 현장이 붕괴되는 것 아니냐고 생각하겠지만, TV 애니메이션에서 영화와 스트리밍으로 제작 축의 이행, 디지털화로 인한 생산성 향상, 인디 무대에서 자란 크리에이터의 활약 등으로 균형을 이루지 않을까 추측합니다.

반면에 만약 전송 오리지널 작품이 증가하는 상황이 되면 TV 애니메이션 제작 분수는 상대적으로 줄어들 가능성도 있습니다. 넷플릭스와 프로덕션I.G, 본즈 등의 업무 협력 상황을 살펴보면 찬찬히 시간을 들여서 시리즈 애니메이션을 제작하는 것을 알 수 있습니다.

프로덕션I.G의 이시카와 미쓰히사 사장의 말에 의하면 2018년 3월에 서비스한 「B 더 비기닝」의 프로젝트는 3년 전에 시작되어 개발 작업에 1년, 작화에 1년으로 일반적인 제작 기간(기획 착수부터 방송까지 1년 반 정도)의 2배는 더 제작에 시간을 들였다고 합니다. 스트리밍 전 전편 납품이라는 스케줄이면서도 애프터 레코딩 때 착색이 끝난 상황이었으니 상당한 시간=제작비의 여유가 있었음을 나타냅니다.

만약 이 방식이 성공한다면 일본만의 장기라고 할 수 있는 저비용 다생산형에서 고비용 저생산 구조로 바뀔 가능성도 있습니다. 다만, 그런 좋은 환경을 가진 스튜디오는 한정되어 있으므로 영향도 한정적일지도 모릅니다.

애니메이션 산업 시장과 애니메이션 제작(制作) 시장

1장에서 소개한 애니메이션 산업 시장은 소비자가 직접 애니메이션 영상이나 상품, 콘서트 등에 쓴 금액의 합계입니다. 그럼 애니메이션 배급·제작 현장에 환원되는 매출이 어느 정도냐고 하면 애니메이션 제작 시장, 혹은 애니메이션 업계 시장이라 불리는 분야는 2016년에 2,301억 엔을 기록하였습니다.

상업 시장과 제작 시장을 비교해 봅시다. 제작 시장(배급사, 제작 스튜디오 매출)도 전체 매출 증가에 이끌려 2016년에 사상 최고를 기록하였지만, 그래도 산업 시장으로 보면 10%에서 15% 정도의 규모입니다. 즉 일본에서는 유통 사업자가 애니메이션 매출의 대부분을 차지하는 셈입니다.

일본 애니메이션 제작비(TV 애니메이션, 극장 애니메이션, OVA)의 총액은 아마 700억 엔 전후입니다. 대작 할리우드 극장 애니메이션의 7작품 치입니다. 이 금액으로 모든 것을 충당하고, 이를 유통으로 돌려서 2조 엔이 넘는 매출을 내고, 그중에서 2,300억 엔을 배급사와 제작자에게 돌려주는 구조입니다. 이것이 일본 애니메이션의 금전 흐름입니다.

반대로 디즈니가 2016년에 556억 달러(6조 1,195억 엔)의 수익을 낸 이유는 제작과 유통이 일체화되어 있었기 때문입니다. 일본에서는 애니메이션을 만드는 측과 파는 측이 나뉘어 있고, 만드는 측

애니메이션 산업 시장 및 제작 시장 규모 추이(단위: 억엔)

보다 파는 측의 수익이 압도적으로 많은 것이 사실입니다. 저는 앞서 출판한 「디지털이 바꾼 애니메이션 비즈니스」에서 이러한 상황에 주목하여 '애니메이션 스튜디오에서 출발한 디즈니의 비즈니스 모델을 일본에서 실현할 수 없을까'라는 의문을 제시했는데 아직도 이에 응답하는 스튜디오는 적은 실정입니다.

Q3

애니메이션은 어떻게 제작되는가?

애니메이션 제작 구조

애니메이션이 어떻게 만들어지는지 여러분은 얼마나 알고 계십니까? 「시로바코」나 「니시오기쿠보 런스루」 등 애니메이션 업계의 속사정을 보여주는 작품의 영향으로 제작 진행이나 애니메이터 등, 애니메이션 제작에 직접 관여하는 사람들이 어떤 일을 하는지는 상상할 수 있을 겁니다.

그러나 애니메이션 기획은 누가 하는지, 만들어진 애니메이션이 어떻게 운용되고 지금은 얼마나 회수되는지 애니메이션 비즈니스 전체를 파악하는 분은 많지 않을 겁니다. 비즈니스로서 당연한 얘기겠지만, 이곳에서는 놓치기 쉬운 애니메이션 제작의 구조와 기능을 설명하겠습니다.

애니메이션 비즈니스의 구조

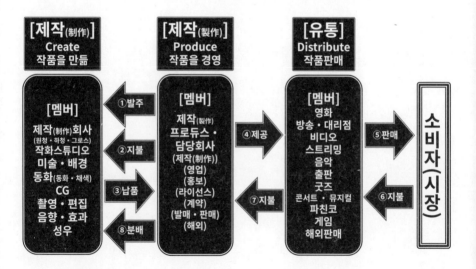

애니메이션 비즈니스는 그 역할에 따라 크게 3가지로 나눌 수 있습니다.

- **제작(制作:Create)**······작품을 실제로 만드는 것.
- **제작(製作:Produce)**······작품을 제작하고 결과에 책임을 지는 것.
- **유통(Distribute)**······작품을 파는 것.

'제작(制作:Create)'이란 작품 자체를 만드는 것입니다. 작품 책임자인 프로듀서가 각 실무자들에게 작업을 의뢰하면 실제 작품으로서 애니메이션이 만들어집니다.

'제작(製作:Produce)'이란 작품 기획부터 실현까지 책임을 지는 것입니다. 작품 기획을 세워서 자금을 모으고, 제작을 발주하고(자사 내에서 이루어지는 경우도 있습니다), 완성한 작품을 유통 측에 제공하고, 수익금을 회수합니다. 그리고 마지막으로 투자액이나 인세 등을 분배합니다.

'유통(Distribute)'이란 완성한 작품을 최종적으로 시장(유저)에 내보내는 것입니다. 제작자(프로듀서)에게 작품을 받아서 유저(시장)에게 판매하고, 그 대금을 제작자에게 지급합니다.

'제작(制作)'과 '제작(製作)'

발음이 같아서 헷갈리겠지만, 제작(制作)과 제작(製作)은 업무 영역이 엄연히 다릅니다. 작품을 직접 만드는 것이 제작(制作)이라면 제작(製作)은 작품 기획부터 자금 모집, 제작 절차, 그리고 자금 회수부터 그 분배까지 처리합니다. 그 의미로 제작자(製作者)는 애니메이션 작품의 사장이라고 불러도 될지도 모릅니다. 저작권법을 보아도 '영화저작물 제작(製作)에 있어서 그 전체를 기획하고 책임을 지는 자(2조14항)'이며 최종적인 저작권자(작품 소유권을 가진다)입니다. 콘텐츠 업계에서 일반적으로 제작(制作), 제작(製作)을 구별할 때 한자의 차이를 따라 '옷이 있다(製), 없다(制)'로 표현하는데 그것은 주로 작품의 권리를 가지고 있느냐 아니냐를 확인하는 말입니다.

제작위원회 방식이란 무엇인가?

영화나 TV 애니메이션을 제작하려면 돈(제작 자금)이 필요한데 그것을 혼자 전부 내거나(개인 출자), 회사가 전부 내는 방법 외에 여러 기업이 조합(임의 조합)을 설립해서 출자하는 방법이 있습니다. 그것이 제작위원회 방식입니다.

출자한 각 회사는 출자액에 따라서 작품의 저작권을 보유합니다. 동시에 작품을 운용하는 담당 창구의 권리(방송권, 비디오화권, 상품화권, 송출권, 이벤트·콘서트권, 뮤지컬화권, 해외판매권 등)를 받고, 매출에서 수수료를 떼는 것을 인정받습니다(창구마다 수수료 퍼센티지가 다릅니다).

출자금 부담을 줄이고(위험률 경감), 자사 관련 분야에서 작품을 운용하여 운용 이익+수수료를 거둘 수 있으므로(이것만으로 출자금을 전부 회수하는 경우도 있습니다) 1990년대 중반 이후부터 영화와 애니메이션 제작의 중심 시스템이 되었습니다.

이 방식에서는 애니메이션 자체가 적자를 보더라도(즉 제작위원회가 집행한 돈보다 제작위원회에 회수된 돈이 더 적더라도) 제작위원회에 출자한 각 회사는 이익을 보는 것도 가능합니다.

지금은 제작(製作)=제작위원회 멤버로 생각하면 거의 맞습니다.

제작(製作)이란 작품을 경영하는 것

제작(製作)은 작품의 모든 책임을 지는 입장입니다. 기획 입안부터 원작 이용권을 획득하고 제작위원회 구성, 시리즈라면 방송국, 영화면 배급사와 같은 미디어와의 협상, 그리고 과연 계약까지 이루어질까 걱정하면서 자금을 모으고서야 드디어 실제로 작품 제작 단계를 밟습니다.

제작하는 입장인 프로듀서는 작품을 '완성한다/못한다'의 결과를 책임져야 합니다. 감독은 작품이 실패해도 경제적 책임을 지지 않아도 되지만, 제작자(製作者)/프로듀서는 엄격한 추궁을 받습니다. 일본의 대부분 제작자/프로듀서는 회사원이므로 작품이 망하더라도 해고되지는 않지만, 독립 프로듀서라면 회사가 도산합니다.

실제로 제작한 영화가 망해서 은행에서 빌린 수천만 엔의 대출금을 갚으려고 트럭 운전을 하는 프로듀서도 있었습니다. 반대로 작품이 대히트를 치면 저작권자와 출자자에게 분배하고 남은 이익을 손에 넣을 수 있습니다.

다소 기가 죽는 예를 들자면 지금부터 20년 정도 전에 칸 국제영화제에서 열린 필름 마켓에 판권을 구매하러 갔을 때 항구에 대형 요트를 발견했습니다. '귀족이나 중동의 석유왕인가?'라고 생각했는데 알고 보니 그 당시에 절정기였던 「우주전함 야마토」의 프로듀서인 니시자키 요시노부 씨가 소유한 요트였던 겁니다. 이탈리

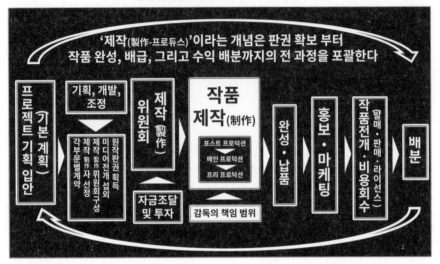

아에서 특별 주문한 그 요트의 건조비가 무려 6억 엔이었다고 해서(마키무라 고세·야마다 테츠히사 「'우주전함 야마토'를 만든 남자 니시자키 요시노부의 광기」 고단샤+α문고) 월급쟁이 프로듀서는 상상도 할 수 없는 스케일에 놀란 기억이 있습니다.

이처럼 제작(製作) 일을 한마디로 말하면 '작품 경영'입니다. 작품의 최종 책임자, 기업으로 치면 사장 역할을 하는 셈입니다. 그에 반해서 제작(制作)은 실제로 상품을 만드는 제조 현장이라고 말할 수 있습니다.

그런 '제작(製作)'의 입장에서 애니메이션이 어떻게 만들어지는지 간단하게 시뮬레이션해 봅시다.

첫번째. 프로젝트 기획 입안

작품의 원점인 동기

애니메이션 프로젝트가 시작되는 계기는 다양하지만, 기본적으로는 작품 프로젝트 기획 입안부터 시작합니다. 일반 비즈니스와 마찬가지로 그곳에는 창작의 고통이 있습니다.

애니메이션을 만들기에 앞서 제일 첫 순서는 '동기(motivation)'입니다. '마음'이나 '의지'라고 해도 좋을지도 모릅니다. 누가 무엇을 위해 만드느냐가 창작의 출발점입니다.

동기의 종류는 다양합니다. '좌우지간 만들고 싶다, 애니메이션 제작이 재미있다, 즐겁다' '이 훌륭한 원작을 애니메이션으로 만들고 싶다, 시청자를 즐겁게 해주고 싶다, 감동을 주고 싶다'라는 동기부터 '돈을 벌고 싶다' '일이니까'라는 것까지. 동기가 순수하다고 해서 반드시 좋은 작품이 만들어지는 것은 아닙니다. 좋은 작품을 만들고 싶다는 동기가 명작을 만들 확률이 높다고 하지만, 꼭 그렇다고 단정할 수 없기 때문에 콘텐츠 비즈니스가 어려운 것입니다.

기획은 누가 내는가?

그렇다면 기획을 내는 주체는 누구일까요? 이 참여 게임에서 제일 먼저 '말을 꺼낸 장본인'은 누구일까요? 제작위원회는 최종 제작자인 셈이지만, 처음부터 위원회가 만들어져 있는 것이 아니므로 만들려는 사람이 없으면 제작위원회도 없습니다.

'말을 꺼낸 장본인'은 보통 주관회사인 도에이 애니메이션이나 선라이즈, TMS, 젠코와 같은 제작·프로듀스 회사, 방송국이나 광

고대행사, 비디오 제작사가 많은데 원작 작품의 출판사나 기획력
이 있는 애니메이션 제작사, 게임 회사, 완구 회사 등에서도 기획을
제안합니다. 감독이나 각본가, 원작자(기업)가 입안하는 경우도 있
습니다. 요컨대 기획이 있으면 누구나 제안할 수 있으나 미디어(TV
냐 영화냐), 방송 시간대(어린이·가족용이냐 성인이냐)에 따라 제안 내용
이 조금 달라집니다.

애니메이션을 기획하는 주체

미디어	주요기획 제안사/제안자
어린이·가족 애니메이션	방송국, 광고대행사, 제작·프로듀스 회사, 완구·게임 회사, 개인(감독·각본·원작자·개인사업자) 등
심야 애니메이션	비디오 제작사, 제작·프로듀스 회사, 출판사, 방송국, 영화사, 스튜디오, 게임 회사, 개인(감독·각본· 원작자·개인사업자) 등
영화	영화사, 제작·프로듀스 회사, 비디오 제작사, 개인(감독·각본·원작자·개인사업자) 등

두 번째. 기획 개발·조정

기획 개발

애니메이션을 만들기로 한 뒤에는 기획을 실현하기 위한 다양한 개발, 조정 작업이 필요합니다. 바로 작품 제작의 결제를 통과하기 위한 기획·입안 작업입니다.

우선 기획을 실현하려면 작품의 구체적인 개요를 생각합니다.

- **원작**······만화, 라이트노벨, 게임, 혹은 오리지널인가?
- **대상**······어린이·가족/애니메이션 팬, 남성/여성, 어느 쪽이 대상인가?
- **장르**······판타지, 스포츠, 로봇, 학원, 모에, 개그, 아이돌, 음악·뮤지컬, 액션, 호러 중 어느 장르로 할 것인가?
- **미디어**······비디오, 영화, 인터넷 스트리밍, OVA, 어느 매체인가?
- **자금 회수 방법**······어떻게 회수할 것인가? 정말 본전을 건질 수 있는가?
- **제작위원회 멤버**······어느 기업과 파트너십을 맺을 것인가?
- **제작 체제**······어느 스튜디오에 제작을 의뢰할 것인가? 감독이나 각본가, 캐릭터 디자이너는 누구? 성우는?

이런 것들이 머릿속을 맴돕니다. 매일 자문자답하거나 혹은 다양한 사람과 상담하면서 깊이 고민하고, 다음 조정 작업에 필요한 자료(간이 기획서 등)를 만듭니다. 이 단계가 공상에 잠겨 히죽거리며 김칫국을 마시는 가장 즐거운 시기입니다!

조정 작업

간이 기획서를 만들었다면 조정 작업에 들어갑니다.

- **원작 타진·획득**……출판사나 게임 회사에 판권을 타진한다. 획득하면 최고지만, 제작이 결정되어야 이야기가 진행되는 경우가 많다. 혹은 제작 스튜디오나 감독, 각본가 등에 오리지널 스토리 제작이 가능한지 타진한다(혹은 갖고 있는 기획을 검토한다). 만화나 라이트노벨이든 오리지널이든 원작의 계획이 세워지면 실현 가능성이 단숨에 커진다.

- **미디어와 조정**……극장 애니메이션이라면 배급사, TV라면 광고대행사나 방송국에 시기와 방송 시간대·극장 상영 스케줄을 타진한다. 어린이·가족 애니메이션의 경우는 스폰서(완구 회사, 게임 회사 등)를 잡아야 하는 난관이 기다린다. 작품에 등장하는 로봇이나 캐릭터와 이를 제조할 스폰서 등 기업과의 라이선스 조정도 중요하다.

- **제작 자금 조달**……어린이·가족용 작품이라면 스폰서에 달렸다. 심야 애니메이션이라면 2차 이용에 관한 창구 권리를 비롯하여 투자해 줄 만한 제작위원회 멤버에 타진한다.

- **제작 스튜디오와 타진**……작품 제작이 가능한지 타진한다. 찍어 놓은 감독이나 각본가, 캐릭터 디자인, 성우 스케줄이 비어 있는가, 참가 가능한지 어떤지를 확인하는데, 최근에는 어느 스튜디오도 바빠서 잡기가 하늘의 별따기다!

- **수지 계산**……이것 없이는 절대 기획이 통과하지 않는다. 최근에 대히트가 예측되는 유명 만화 원작이라면 간단하게 통과하지만, 그런 경우는 드물다. 대부분 어떻게 제작비를 회수할지 깊이 고민하게 된다.

이러한 작업을 거쳐서 작품이 만들어질지 어떨지 어림짐작합니
다. 가능성이 보인다면 이 시점에서 최종 기획서를 작성하고, 회사
의 결제를 받으면 정식으로 작품 제작이 시작됩니다! 바로 제작위
원회 구성 작업에 들어갑니다(사실은 대강 정해져 있지만). 통과하지 못
했다면 다시 수정하거나 혹은 눈물을 삼키며 쓰레기통으로…….

세번째. 제작위원회 출범

역할 분담 결정

주관사 담당자의 고생으로 기획이 통과하고, 각 관계사에 제안하면 드디어 제작위원회가 출범합니다. 기획부터 위원회를 조성하기까지 1년, 2년이 걸리는 경우도 흔합니다. 끝까지 구성원을 모으지 못한 상태로 급하게 제작에 들어가거나 단념하는 경우도 있습니다.

반대로 유명 원작을 획득한 순간 기획서 없이도 제작이 결정되고, 전화 한 통으로 제작위원회가 구성되는 경우도 있습니다.

먼저 재방송권(방송 판매권), 비디오화권, 상품화권, 송출권, 음악권(주제가/엔딩 주제가, BGM 등), 라이브 행사권(이벤트나 무대, 뮤지컬화권), 유흥화권, 해외 판매권 등을 회사마다 어떻게 나눌지 정합니다. 각 권리를 담당한 회사는 자신이 담당하는 장르의 매출에서 수수료를 받을 수 있습니다.

어린이·가족용 작품일 경우 전통적으로 참가자가 적어서 제작위원회라기보다는 '공동제작'이라고 하는 편이 맞을지도 모릅니다. 반대로 심야 애니메이션은 제작위원회 멤버가 많습니다. 타 업계의 신규 참가 희망자가 많아지기도 하여 2차 저작권의 창구 조정이 매우 어렵습니다.

또 제작위원회 참가 멤버는 작품을 홍보하기도 합니다. 자사 매체(방송국이라면 방송, 출판사라면 잡지 등에서)는 물론이고, 기회가 있을 때마다 작품을 공지·홍보합니다. 이러한 점은 확실히 제작위원회가 출범하기 이전의 홍보 체제보다 효과가 뛰어납니다.

작품 투자

각 창구의 예측 수입에 맞춰서 제작비의 투자 비율을 설정합니다. 비디오화권이면 30~50%(매년 비율이 낮아지지만), 국내 송출권이면 10%, 해외 판매권이면 10%와 같은 식으로 주관사가 중심이 되어 비율을 설정합니다(주관사가 일방적으로 정하는 경우도 많습니다). 그리고 각사에서 공동제작 계약을 맺고 투자를 시작하는데, 이는 제작비에 광고 선전비가 추가된 금액입니다.

어린이·가족 애니메이션은 방송국을 통해 스폰서에게서 제작비(또는 방영권료)를 받는데(전액을 받지 못하는 경우도 많지만), 심야 애니메이션이라면 매체비(전파 사용료)를 부담해야만 합니다.

종종 계약 조건이나 각사의 사내 사정으로 공동제작 계약의 체결이 늦어질 때도 있습니다. 믿기 어려울 수도 있지만, 작품이 방영하기 시작할 때까지 계약을 맺지 못하고 자금을 받지 못하는 경우도 있습니다(끝나서까지 맺지 않은 경우도!). 그때는 주관사가 제작비를 대신 치릅니다. 그러므로 어느 정도 자금력이 있는 회사가 아니면 주관사를 맡지 못하는 셈입니다.

네번째. 제작(制作)

회원사에서 모은 자금을 애니메이션 제작사에 지급하면 드디어 제작 작업에 들어갑니다(계약이 늦어지는 경우가 많으므로 대개 먼저 제작에 들어갑니다). 기획부터 여기까지 순조롭게 진행되면 1년, 길면 2, 3년 걸리는 경우도 있습니다. 극장 애니메이션은 준비 기간이 길어서 시간이 조금 더 걸립니다.

제작에 프로듀서가 얼마나 관여할지는 소속한 회사의 사업 내용이나 개인의 퍼스낼리티에 따라 천차만별입니다. 제작(製作) 측의 요청(스태프 배치, 캐스팅, 주제가, 상품화 등)을 올바르게 현장에 전달하고, 완성된 각본을 끝까지 읽고, 문제가 있으면 지적합니다. 그 이후의 제작(制作)은 원칙상 애니메이션·프로듀서에게 맡기지만, 납기에 늦지 않도록 스케줄을 확인하고, 애프터 레코딩에 참여해서 각본의 의도를 잘 살렸는지 확인합니다. 그리고 편집 작업을 거쳐 납품합니다. 스케줄이 늦어지거나 납기, 예산에 문제가 생기면 반드시 프로듀서에게 연락이 오고 그 대처를 해야 하므로 제작 기간에는 밤중에 전화가 울리면 매번 가슴이 철렁합니다.

다섯번째. 완성·납품

제작자의 중요한 역할로는 납품이 있습니다. 제작자에게는 긴장감 넘치는 커다란 과제입니다. 완성된 작품을 방송이나 상영에 맞춰서 방송국이나 배급사에 납품하는데, 그것으로 끝이 아닙니다. 납품한 곳의 체크(검품)가 남았습니다. 미리 확인했던 각본과 다르거나 표현이 방송 기준에 맞는지, 또 1997년에 일어난 '포켓몬 쇼크'처럼 격한 스트로보나 번쩍이는 플래시 효과가 없는지 등을 확인하고, 만약 하자가 발견되면 리테이크(재촬영)해야 합니다.

그러나 TV 애니메이션은 대부분 납품 기일에 아슬아슬하게 작업에 쫓깁니다. 수정 요구가 들어와도 고칠 시간이 없는 실정이라 방송국 담당자에게도 부담감이 큰 작업이라고 할 수 있습니다.

그리고 가장 많은 문제점이 납품 지연입니다. 방송일까지 납품을 못한다, 혹은 방송 예정을 연기하는 사태도 빈번합니다. 아슬아슬하게 기한을 연장해도 납품을 못하면 최악의 경우에 그 방송국에서 '출입금지'를 먹기도 합니다.

제작자로서는 납품 의무를 마치면 한숨을 돌리고 싶겠지만, 본격적인 일은 지금부터입니다.

여섯번째. 홍보·마케팅

80페이지의 도표에는 제작이 끝난 뒤에 홍보와 마케팅을 붙였지만, 실제로는 '제작 홍보'라고 하여 제작이 시작된 시점부터 수요자에게 홍보 활동을 시작합니다.

홍보도 기본적으로 주관사/자가 담당합니다. 홍보에는 '제작 홍보'와 '작품 홍보'가 있는데 전자는 작품을 제작할 때부터 다양한 형태로 작품의 스토리나 제작진, 성우 등의 정보를 단계적으로 공개하는 것. 후자는 작품을 공개했을 때 전개하는 홍보 작업입니다.

각 제작위원회 멤버는 공개했을 때 홍보를 돕는데, 예를 들어 자사에서 비디오가 발매할 때 효과가 있을 각종 매체에 홍보를 부탁합니다. 자사의 이익과 직결되는 일이므로 적극적으로 홍보에 나섭니다.

홍보 예산비가 한정적이므로 작품의 매력을 높여서 팬들이 직접 홍보해 주는 방법을 고민합니다. 요즘 시대에는 SNS를 어떻게 효과적으로 사용할지가 중요하겠지요.

일곱번째. 작품 운용·회수

비즈니스의 '핵심', 여기서 작품의 '승패'가 좌우됩니다. 1차와 각 장르(스트리밍. 비디오, 해외 전개 등)의 2차 저작권의 개시일을 설정하고, 그 절차에 따라 작품을 공개합니다.

최근에는 공개 기간이 점점 짧아지는 경향이 뚜렷합니다. 스튜디오 지브리 작품처럼 영화 공개를 기준으로 1년 뒤에 비디오 발매, 그 1년 뒤에 TV에서 방영하는 여유로운 정책은 점점 보기 어려워졌습니다. 현재에는 시즌이 끝난 직후(영화는 3개월 후)에 비디오가 발매되는 등, 점차 전개 속도가 빨라지는 추세입니다. 영화도 마찬가지지만 근래에는 공개 작품 수가 증가하여 예전처럼 비디오 발매까지 1년이나 걸리면 사람들에게 잊혀질 우려도 있으므로 작품 이미지가 남아 있을 때 스트리밍 공개와 비디오를 발매하게 된 것입니다.

현재 수많은 애니메이션 작품이 제작되고 있지만, 그중에 제작비를 회수하는 작품은 적다고 합니다. 어린이·가족용 작품이 주류였던 시절에는 수지가 맞는 작품은 방영이 끊기지 않고 계속 이어진다는 알기 쉬운 기준이 있었지만, 심야 애니메이션의 경우에는 방영 종료 후 반년은 지나야 대략의 결산이 나옵니다. 시즌 2가 제작되면 그런대로 회수에 성공했음을 알 수 있지만, 한 시즌으로 끝나는 작품은 아마도 본전을 찾지 못한 작품이 많았을 것으로 예상합니다. 한편 애니메이션은 드라마와 달리 상품 수명이 상당히 긴 콘텐츠입니다. 방영 당시에는 적자였으나 5년, 10년 단위로 보면 어느 정도 본전은 찾은 작품이 상당히 늘고 있습니다.

여덟번째. 분배

제작자에게 마지막으로 중요한 단계입니다. 다음 제작이 걸린 작업이므로 이 과정 없이는 다음 작품은 없습니다.

분배의 우선순위는 영화냐 TV 시리즈냐로 다릅니다. 영화의 경우, 먼저 극장이 흥행 수익의 절반을 가져갑니다. 그리고 홍보비와 배급 수수료를 공제하고 남은 금액이 제작위원회의 수입이 됩니다. 전체 흥행 수익을 100이라고 치면 제작자(위원회)에게 남는 건 얼마나 히트를 쳤느냐에 따라 다르지만, 넉넉잡아도 25~30% 정도입니다. 그 금액에서 먼저 작품의 제작비 회수를 충당하고 남은 금액이 제작자(위원회)의 이익이 됩니다.

그러므로 제작비가 3억 엔이라면 회수하기 위해서는 10억 엔이 넘는 수익을 벌어야 합니다. 솔직히 현재 일본의 상황으로는 흥행 수익만으로 제작비를 회수하고 이익을 남기기가 상당히 어려운 실정입니다.

그래도 애니메이션의 경우에는 극장에서 상품도 판매하고, 상영에 이어 비디오가 비교적 잘 팔리기도 하여 실사 영화보다는 이익을 낼 확률이 높습니다. 흥행 수익과 상품 판매, 2차 저작권으로 얻은 이익이 제작위원회 멤버에게 배분되고, 다음 작품의 종잣돈이 되는 셈입니다.

TV일 경우, 어린이·가족 애니메이션과 심야 애니메이션으로 수입과 배분 구조가 달라집니다. 전자는 스폰서에게서 후원받은 제작비(방영권료)가 있습니다. 하지만 심야 애니메이션은 TV 방영에 매체료가 발생합니다.

따라서 전부 2차 저작권으로 발생한 수입으로 제작비를 회수해야 합니다. 그 수입의 대부분이 비디오 수익인데 여기에는 다양한 경비가 빠집니다. 먼저 소매업자가 매출의 30%, 비디오 제작사가 유통 경비로 20%를 가져갑니다.

그리고 비디오 제조 원가와 비디오 담당 창구의 수수료가 빠지고, 또 저작권법으로 지정된 원작자, 각본가, 음악가에게 배분하고, 남은 금액이 제작위원회의 수입이 됩니다. 그것이 제작비를 웃돌면 각 위원회 멤버도 이익을 낸 셈이지만, 실제로는 각 회사가 담당하는 창구의 수수료도 계산에 넣어서 출자금을 회수하는 경우가 대부분입니다.

작품 중심인 제작(制作)

제작의 구조도 간단히 짚고 넘어갑시다. 분업화로 인해 30분짜리 TV 시리즈의 제작에만 200명에서 300명이 넘는 사람이 관여합니다. 아래의 도표는 2000년대부터 주류가 된 애니메이션 제작 과

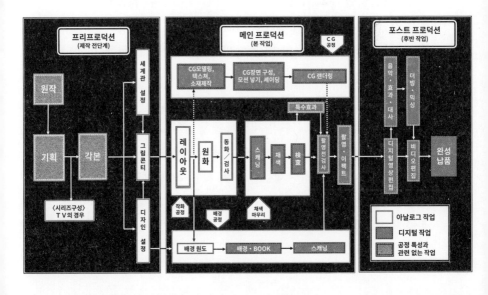

정입니다. 작화 이후 과정이 디지털화되면서 CG 작업이 추가되었습니다. 손그림 애니메이션(2D 애니메이션)과 CG 애니메이션(3D 애니메이션)의 연출을 융합한 '2.5D 애니메이션'이라 불리는 제작 방법입니다. 2010년대에 들어서부터는 '작화 과정'도 액정 태블릿을 사용하거나 CG를 사용하기 시작하며 매년 디지털화의 비중이 높아지고 있습니다.

한 회사가 제작(制作), 제작(製作), 유통을 모두 담당하는 미국

유통 기업은 애니메이션을 수요자에게 전달하는 역할을 맡습니다. 제작위원회 방식을 쓰기 이전에 대부분 유통업계는 2차 이용 라이선스만 받았습니다.

그러나 제작위원회 방식을 채택한 이후로 투자의 길이 열리면서 작품 저작권을 가지고 애니메이션의 제작(製作)/프로듀스에 참가하는 기업이 늘기 시작했습니다.

제작위원회를 주도하는 프로듀스 기업은 대부분 유통망을 갖추고 있지만, 제작(制作), 제작(製作), 유통(미디어)을 모두 갖춘 기업도 있습니다. 미국에는 이러한 기업이 많은데, 그 필두는 물론 디즈니입니다.

미국의 거물급 대형 영화 제작사는 규모는 다르지만, 콘텐츠 제작부터 글로벌 유통까지 수직 계열화를 달성하고 있습니다. 2D 애니메이션 시대에는 디즈니가 거의 독점 상태였으나 1990년대 후반부터 CG로 바뀌면서 현재로는 거의 모든 대형 제작사가 자사의 애니메이션 스튜디오, 혹은 계열 스튜디오에서 속속 작품을 만들게 되었습니다.

이러한 상황 속에서도 최고는 역시나 디즈니입니다. 1923년 창업한 월트 디즈니 애니메이션은 2006년에 픽사를 매수, 또 2018년에는 라이벌 영화사인 20세기 폭스까지 인수했습니다. 그리하여 폭스 애니메이션이라는 제작회사 부문도 합류하여(산하에 「아이스 에이지」 시리즈를 제작한 블루 스카이 스튜디오가 있습니다) 더욱 강화하게 되었습니다.

디즈니의 천하인 할리우드에서 유일하게 대항할 수 있는 곳은 현재로서는 유니버설뿐입니다. 1930년대부터 1940년대의 할리우드 황금기에는 '딱따구리 우디(원제:Woody Woodpecker)' 등 히트도 쳤던 유니버설이지만, 그 뒤로 오랫동안 애니메이션 사업에 손대지 않았었습니다.

그때 폭스 애니메이션에서 「아이스 에이지」로 성공한 크리스토퍼 멜라단드리를 회장으로 '일루미네이션 엔터테인먼트'를 설립하여 「미니언즈」를 시작으로 히트작을 연이어 내놓았습니다. 픽사와 어깨를 나란히 하는 CG 애니메이션 강자인 드림웍스 애니메이션도 일루미네이션의 산하에 들어갔습니다. 크리스토퍼 멜라단드리의 드림웍스가 어떤 부활을 보여줄까요? 유니버설도 디즈니에 대항하는 강력한 진영을 완성한 것입니다.

일본의 종합 미디어&엔터테인먼트 기업

일본 국내에서 제작(制作), 제작(製作), 유통을 전부 가진 기업은 그리 많지 않습니다. 대표적인 곳이 '소니'와 '반다이남코'로 그 뒤를 이어 방송국 계통 기업이 있습니다.

예를 들어 '니혼TV'는 제작(製作)·유통이지만, 제작(制作)에는 '매드하우스', '다쓰노코 프로덕션', 비디오나 음악 제작·유통에는 계열사인 'VAP'가 있습니다. '후지TV'는 제작에 '데이비드 프로덕션', 제작·유통에 '포니 캐년'이 있습니다.

또 'TV아사히'도 '신에이 애니메이션'이 있고, 제휴 업체인 '도에이'도 '도에이 비디오'와 '도에이 애니메이션' 등이 있지만, 만약 정말로 해외를 노린다면 '소니'나 '반다이' 같은 체제가 필요합니다.

소니 픽처스, 소니 뮤직 엔터테인먼트 등 세계적 유통망을 가진 소니는 일본의 엔터테인먼트 콘텐츠 업계에서 최대 규모입니다. 소니 픽처스 9,031억 엔, 소니 뮤직 6,477억 엔, 콘솔 게임 부문이 1조 6,498억 엔, 합계 매출이 3조 2,000억 엔 규모입니다. 영화와 음악의 1조 5,508억 엔만 해도 바이어컴(파라마운트 픽처스, MTV, 니켈로디온을 소유한 할리우드 6대 메이저 제작사 중 하나)의 1조 3,737억 엔(12억 4,880만 달러, 1달러 110엔)을 웃돕니다.

일본에서 세계에 통하는 제일가는 종합 미디어&엔터테인먼트 기업이지만, 안타깝게도 국내와 해외의 시너지 효과는 미비합니다. 소니 픽처스도 일본 기업이지만, 완전히 할리우드 위주로 운영됩니다.

그래서인지 일본의 소니 뮤직과도 연계가 제대로 이루어지지 않아서 소니 뮤직 산하에 있는 '애니플렉스'의 작품이 소니 픽처스의 세계적 유통망을 탄 적이 거의 없습니다. 소니 픽처스에는 '소니 픽처스 애니메이션'이라는 자회사가 있는데 「스머프」나 「몬스터 호텔」 등의 작품을 제작하여 괜찮은 성적을 남기고 있듯이 앞으로는 '애니플렉스'의 작품도 전 세계에 공개하는 역할을 맡아 주기를 바랍니다.

Q4

모든 원흉은
제작위원회?

제작위원회 방식은 일본의 특징

영화나 애니메이션의 투자가 대부분 제작위원회에서 나오기 시작한 건 십수 년 전부터입니다. 점차 제작위원회 방식을 채택하는 경우가 늘기 시작한 1990년대 후반 이전에는 영화사나 제작사가 단독으로 제작하거나 방송국 등과 공동 제작하는 형태를 취했습니다. 해외에서는 여전히 투자와 저작권을 분리하고(할리우드에서는 프로듀서가 모든 권리를 쥐고, 적극적으로 투자자에게 자금을 모읍니다), 제작사 한 곳에 저작권이 집중되는 것이 주류입니다.

할리우드 메이저 스튜디오의 일본 지사가 자체 영화 제작을 시작할 때 제작위원회 방식을 택하려고 하자, 본사에서 '자신 있는 기획이라면 왜 전부 스스로 투자해서 진행하지 않는가'라며 좀처럼 이해해 주지 않았다고 합니다. 이렇듯 제작위원회 방식은 일본의 독자적인 문화인 셈입니다.

왜 제작위원회가 생겼는가?

왜 일본에만 제작위원회가 생긴 걸까요? 그것은 일본 영화의 사양화와 큰 관계가 있습니다. 일본 영화는 60년 전이 절정기였습니다. 당시의 영화사는 현재의 방송국과 영화사를 합친 듯한 거대한 미디어였으며 수입이 어마어마하였기 때문에 자사 영화의 제작비를 100% 단독으로 투자하였습니다.

1958년에 사상 최고 관객 동원을 기록한 영화 산업은 급성장한 TV의 영향을 그대로 받아 1960년대부터 급격한 하락세를 보입니다. 관객의 발길이 뜸해지는 불황에 빠지면서 점차 영화 제작 편수가 줄기 시작했습니다. 그리하여 영화 업계 외의 기업에까지 투자를 바라게 되었고, '간사이 전력'이 자금을 댄 「쿠로베의 태양」(1968년)이나 '가지마 건설'의 「초고층의 새벽」(1969년) 등이 그 시작이었습니다.

1970년대에 들어서 경영이 어려워진 영화사가 제작 부문을 재정비합니다. 그때 의욕적인 독립 영화사가 제작(製作)에 나서기 시작했습니다. 자금력이 없었던 그들은 작품에 관심이 있는 파트너를 설득하고, 제작위원회를 조성하여 영화 제작 자금을 모은 것입니다.

제작위원회의 원형은 가도카와 영화

그 대표적인 것이 1970년대 중반부터 연달아 히트작을 터트린 가도카와 영화였습니다. 1977년 「인간의 증명」(일본항공, 호텔 뉴 오타니, 후지TV), 1880년 「부활의 날」(TBS), 1981년 「세일러복과 기관총」(키티 필름), 1988년 「꽃의 아스카파!」(다이오 제지, 도호쿠신샤, 가도카와 서점), 1990년 「하늘과 땅」(니혼TV방송망, TBS)와 같이 소수의 파트너십으로 공동 제작을 거쳐 1991년 「덴카와 전설 살인사건」에는 가도카와 서점 외에도 '니혼TV 방송망, 요미우리TV방송, 긴키 닛폰 철도, 긴테쓰 백화점, 나라교통, 덴쓰, IMAGICA, 도쿄 사가와 규빈, 반다이, 일본위성방송, 파이오니아 LDC, 주쿄TV방송, 구마모토현민TV, 호쿠토주쿠'가 공동제작으로 이름을 올렸습니다. 이것이 현재 제작위원회의 원형입니다.

그 해에 애니메이션 제작위원회로 기억되는 건 오토모 가츠히로 원작의 극장 애니메이션 「AKIRA」(1988년) 제작 때 조성된 '아키라 제작 위원회'입니다. 당시에는 10억 엔이라는 파격적인 고액 예산이 결성의 동기였는데 '고단샤, 마이니치 방송, 반다이, 하쿠호도, 도호, 레이저디스크(파이어니어), 스미토모상사, 도쿄무비신샤'라는 조직의 구성이 애니메이션 제작위원회로서 TV 애니메이션에도 이어지게 됩니다.

왜 제작위원회가 대세가 되었는가?

그 후로 제작위원회 방식이 대세가 된 가장 큰 요인은 일본 애니메이션 산업이 매스 프로덕션 체계라서일 겁니다. 할리우드처럼 예산을 들이는 대작 위주가 아닌 이유도 애니메이션 작품이 히트를 칠 확률이 낮기 때문에 조금이라도 많은 작품에 투자하려는 의도가 깔려 있어서입니다. 거금을 들여서 최고의 퀄리티를 추구하는 할리우드식 사고를 가진 곳은 스튜디오 지브리 등 극소수이고, 대부분이 TV 애니메이션을 중심으로 한 양산형 스튜디오입니다.

그럼 왜 작품 수가 많아진 걸까요? 이것은 제 추측이지만, 제작자 측에 만화 잡지식 사고방식이 있어서라고 생각합니다.

만화 잡지는 일본 특유의 스타일입니다. 옛날부터 정기 간행물로 만화를 발간하는 나라는 있었지만, 그 대표적 존재인 '아메리칸 코믹스'는 얇은 이슈 한 권에 한 작품만 싣는 스타일입니다. 단행본 한 권 분량을 몇개의 이슈로 나눠서 간행하는 식입니다. 그런데 일본은 잡지 한 권에 여러 작품을 싣는 방식을 택합니다.

따라서 미국에서는 신작이 세상에 나올 기회가 적고, 마블 코믹스로 따지면 스파이더맨, 캡틴 아메리카, DC 코믹스이면 슈퍼맨, 배트맨처럼 사람이라면 70세부터 80세쯤일 캐릭터가 여전히 현역입니다. 「어벤져스」 「저스티스 리그」에 나오는 캐릭터도 환갑을 맞은 캐릭터가 수두룩합니다.

미국에서는 출판사에 원작권이 있으며 영화처럼 소속 만화가와 작가가 함께 만화를 만듭니다. 젊은 스태프가 잇달아 나와도 원작은 옛날 그대로. 그런데 일본 캐릭터는 새롭습니다. 물론 만화 잡지에서 끊임없이 새로운 캐릭터가 태어나기 때문입니다.

이러한 배경에는 잡지의 격렬한 경쟁이 전제로 깔려 있습니다. 프로 만화가를 지망하지만, 실제로 만화 잡지에서 연재할 기회를 손에 넣는 만화가는 몇 퍼센트도 되지 않을 겁니다. 그런 만화 문화의 영향으로 미국처럼 몇몇 인기 캐릭터로 안정 노선을 쭉 걷는 것이 아니라 끊임없이 나오는 히트작을 애니메이션도 쫓아가기 바쁜 것입니다.

before 제작위원회, after 제작위원회

제작위원회의 출범 이전과 이후로 무엇이 달라졌을까요? 몇 가지 포인트를 들 수 있습니다. 제작 측은 출자 부담을 지는 대신 작품의 권리를 얻게 되었습니다. 참가자에게 홍보나 권리 운용 등 역할도 분담할 수 있는 부차적 장점도 생겼습니다.

한편 스튜디오는 TV 방송 기간(7년간)이 지나도 저작권을 돌려받지 못하게 되었지만, 지원받는 금액이 올라서 제작비 전액을 지급받게 되었습니다. 그전까지는 적은 제작비를 광고대행사의 보조금으로 채워 넣거나 상품화권 분배로 메꾸느라 오랜 히트작 시리즈가 없는 한, 항상 불안정한 운영을 계속해야 했습니다.

지금 돌이켜 보면 어린이·가족 애니메이션의 비즈니스 모델로는 더 많은 제작비가 드는 심야 애니메이션에 대응할 수 없게 된 셈입니다. 그 배경에는 앞서 설명했듯이 한정된 수요자를 상대로 비즈니스가 성립되는, 이른바 비디오 중심 비즈니스 모델이 등장했기 때문입니다.

'제작위원회 블랙설'은 정말일까?

요즘 들어서 인터넷에서 '제작위원회 블랙설'이 자주 눈에 띕니다. 애니메이션 제작 현장, 특히 애니메이터의 저임금 문제가 제작위원회 때문이라는 의견입니다. 제작위원회가 스튜디오에 내는 제작비가 적은 탓에 애니메이터에게 돌아가는 임금이 적다고 주장하는 겁니다.

항간에서 들리는 그 요지를 명확하게 제시한 것이 바로 '애니메이터 지원기구'라는 NPO 법인이 주도하는 '저임금 신입 애니메이터를 지키자! 주거 지원 2019'이라는 프로젝트에서 크라우드 펀딩 사이트에 적힌 글입니다.

이 NPO의 설립 목적은 젊은 신입 애니메이터에게 '(수도비, 광열비 포함)월세 3만 엔 이하로 살 수 있는' '신입 애니메이터 기숙사' 제공부터 세미나나 콘테스트 등을 여는 것이며 현재까지 계속해서 실적을 쌓고 있습니다. 그러한 노력 자체는 칭찬할 만한 것이지만, 문제는 크라우드 펀딩을 시작하게 된 이유입니다.

그 홈페이지에서는 젊은 애니메이터가 저임금에 고통받는 이유로 제작위원회를 들었습니다. 2018년 3월 15일(집필 현재)에 게재된 설명을 살펴봅시다.

애니메이터의 저임금 문제는 다양한 문제가 복합적으로 작용해 발생한 것이지만, 가장 큰 원인으로 '제작위원회 방식'을 들 수 있습니다.

애니메이션 제작에는 거액의 예산이 필요하기 때문에 완성된 애니메이션이 흥행에 실패할 경우 거액의 적자가 발생합니다.

이러한 부담을 피하고자 방송국, 영화사, 광고대행사, 출판사, 일부 대형 스튜디오 등 '복수의 회사가 조금씩 출자하여 애니메이션을 제작'하는 방법을 택하는데 이것이 '제작위원회 방식'입니다.

이러한 방식은 (현재의) 애니메이션 제작의 부담을 줄이기 위해서는 필요한 방식이지만, 한편으로 몇 가지 문제점이 있습니다.

예를 들어 제작위원회가 제작사에 지급하는 제작비가 충분하지 않다는 점이 있습니다. 현재 비율상 애니메이션 제작 스튜디오 4곳 중 한 곳이 적자라고 합니다.

결과적으로 애니메이터의 노동 환경이 악화하였습니다……

또 이익을 전부 제작위원회가 가져가기 때문에 애니메이션이 크게 성공해도 애니메이터를 비롯한 제작 현장에는 전혀 환원되지 않는 점도 큰 문제입니다.

<인용: http://readyfor.jp/projects/AnimatorDormitory2018/announcements>

요컨대 스튜디오가 적자에 빠지고, 애니메이터의 대우가 악화된 이유가 제작위원회의 지급금이 적기 때문이라는 것이 이 NPO 법인이 크라우드 펀딩을 시작한 근거가 되었다고 말합니다. 과연 이 말이 옳을까요?

제작위원회 방식으로 제작비는 증가하고 있다

과거의 방송국·광고대행사 중심 제작 시대에는 방송국이 지급하는 제작비/방영권료가 실제 제작비보다 부족한 경우가 많았고, 그 차액을 광고대행사가 메우거나 혹은 상품화권의 로열티로 스튜디오 운영을 유지했었습니다. 그것이 제작위원회 방식으로 바뀌면서 제작비를 전액 받을 수 있게 되었습니다. 제작위원회 방식이 주류가 되면서 제작비를 과거보다 더 받게 된 셈입니다.

아마 애니메이터 지원 기구의 생각은 애니메이터의 급료가 박봉인 이유가 제작비가 적다는 점을 역산해서 추측한 것이라고 생각합니다. '4곳 중 한 곳이 적자라고 합니다'라는 말도 소문으로 들은 추측이겠지만, 정말 4곳 중 한 곳이 적자라면 애니메이션 스튜디오는 남김없이 망했을 터입니다. 그런데 현재는 오히려 증가하는 추세입니다.

그 이전에 애니메이터에게 적절한 보수를 지급할 책임은 제작위원회가 아니라 스튜디오에 있는 것 아닐까요? 만약 젊은 애니메이터의 보수가 적다고 주장한다면 제일 먼저 스튜디오 경영에 책임을 물어야 하지 않을까요? 실제로 젊은 애니메이터에게 일반 회사의 고졸, 대졸 초임 못지않은 정당한 보수를 지급하는 스튜디오도 있습니다. 젊은 애니메이터의 보수가 낮은 문제에 관해서는 더 깊이 분석할 필요가 있겠지만, 소문과 추측을 근거로 제작위원회를 '유죄 추정'하는 건 섣부른 판단이라고 봅니다.

애니메이터에게는 환원되지 않는다

또 '이익을 전부 제작위원회가 가져가기 때문에 애니메이션이 크게 성공해도 애니메이터를 비롯한 제작 현장에는 전혀 환원되지 못하는 점도 큰 문제입니다'라고 쓰여 있는데 이렇게까지 되면 살짝 상식이 부족한 느낌이 듭니다. 이익이 제작 현장에 환원되어야 당연하다는 근거가 어디에 있는 걸까요?

스튜디오(제작사)는 제작위원회 시스템이 출범한 이후로 제작비가 올라서 위험 부담을 나누는 대신 저작권을 포기하였으므로 그 시점에서 스튜디오로 이익이 환원되는 일이 없어졌습니다. 따라서 제작 현장에도 이익이 돌아가지 않는 것입니다. 애초에 저작권을 인정받은 원작자와 각본가와 작곡가 외에는 옛날부터 이익을 돌려주지 않았습니다(원작자, 각본가, 작곡가는 이익이 아니라 매출에 따라서 분배받습니다).

이 말은 말꼬리를 잡는 것 같아 꺼내기 조심스럽지만, '애니메이션이 크게 성공한 경우'는 그렇다 치고, 대규모 적자가 발생했을 때는 어떻게 되는 걸까요? 적자여도 보수는 돌아올 거라고 생각하지는 않겠지요. 현재 제작되는 수많은 애니메이션 작품은 적자가 더 많은 것이 사실입니다. 해마다 적당히 히트한 수십 작품과 대히트한 몇 작품, 그리고 잊을 만할 때면 돈이 들어오는 구작으로 수지를 맞추는 것이 각 제작위원회의 실정입니다(최근 2년간은 해외 입금으로 덕을 보고 있지만).

저작권법으로 따지면 작품의 이익을 제작 현장에 환원할 이유가 없습니다. 그 대신 작품의 불이익도 제작 현장에 돌아가지 않습니다. 만약에 희대의 히트를 했을 때 제작 현장에 이익이 환원된다면

'임시 특별 보너스'라고 불러야겠지요. '떡값'이나 '특별 사례금'의
세계입니다. 실제로 현금으로 지급한 예가 있지만, 대부분 해외여
행을 보내주는 점이 애니메이션 업계답다고 할까요…….

스트리밍이 제작위원회 시스템을 위협한다?

제작위원회 방식이 언제까지 주류일까요? 제작 방법도 유통도
디지털화로 격변하는 와중에 포스트 제작위원회로 이루어진 새로
운 애니메이션 제작 방식이 생겨나려고 합니다. 바로 넷플릭스 등
외국 기업 스트리밍 회사가 추구하는 비즈니스 모델입니다.

넷플릭스는 송출권만 주장하고, 기본적으로 작품의 저작권은
제작한 스튜디오에 맡긴다고 합니다(비밀 준수의 의무가 있으므로 자세
한 계약 내용은 공개되지 않았습니다). 즉 높은 퀄리티를 가진 제작 스튜
디오가 제작사가 됩니다. 이는 제작위원회의 벽을 부술 큰 기회입
니다.

다만 그러기엔 높은 장벽이 있습니다. 일반적인 일본 관습으로
는 제작 착수 시기부터 방송국이나 제작위원회가 자금을 내므로
스튜디오에 자금 여유가 없어도 곧바로 제작에 착수할 수 있었습
니다.

그런데 넷플릭스의 경우는 해외에서 일반적으로 쓰는 납품 완료
방식입니다. 앞으로는 자본 조달에 네거티브 픽업(negative pick up:
제작 스튜디오가 미국의 대형 영화사에 기획을 제출하고, 기획이 통과하면 이를
담보로 스튜디오가 금융권에서 대출하는 방식)처럼 제작 관리와 금융 테크
닉이 필요하게 될 겁니다.

스튜디오가 권리를 확보할 수 있게 되는 것은 굉장히 좋은 소식

입니다. 그러나 한편으로는 제작사가 될 생각이 없는 스튜디오도 많습니다. 일본에는 애니메이션 스튜디오가 많지만, 그중에서 작품의 권리를 보유하여 운용하려는 회사는 그렇게 많지 않습니다. 작화 스튜디오나 미술 스튜디오를 비롯한 일본의 애니메이션 제작 관련 기업의 90% 이상은 제작 자체가 목적입니다.

제작사가 되어 작품의 권리를 갖는다는 말은 출자에 참여한다는 의미이므로 당연히 재무적인 위험 부담을 안게 됩니다. 그러려면 비즈니스 부문을 강화하여 권리를 운용하고, 자금을 회수하는 기능이 필요합니다. 크리에이터 업계에는 돈이 엮인 복잡한 업무보다 본인이 좋아하는 분야에 특화하여 집중하고 싶은 크리에이터가 압도적으로 많다고 봅니다.

할리우드에서 일하는 일본인 크리에이터에게 일본과 미국의 차이를 물으면 크리에이티브 환경이 다르다는 말을 자주 듣습니다. 미국에서는 엄격하게 성과 위주로 요구하는 반면에 보수는 물론이고, 충실한 설비, 시스템화된 제작환경 속에서(할리우트 영화의 엔딩 크레디트를 보면 알 수 있듯이 놀랄 정도로 작업이 분업화되어 있습니다) 자기 업무에 집중할 수 있습니다.

크리에이터가 일하기 쉬운 환경을 제공할 수 있느냐 없느냐가 앞으로 일본 애니메이션 업계의 큰 사명이며 이는 제작자(프로듀서)가 책임져야 합니다. 그러나 과연 현재의 제작위원회가 그 역할을 제대로 수행하고 있는지 어떤지는 평가가 갈리겠지요. 제 의견을 말하자면 제작위원회가 일본의 기반에 맞는 방식이라는 점은 인정하지만, 원래라면 실제로 스튜디오 작품을 만드는 회사가 더욱 힘이 있어야 한다고 생각합니다. 그 정점에 디즈니가 존재하는데 일본에서는 그러한 회사를 지향하는 스튜디오가 드뭅니다(그것보다 아

예 없을지도?). 어쨌거나 좋은 작품을 계속해서 만들려면 비즈니스
역량을 길러야 합니다. 제작위원회와 스튜디오로 역할을 나누기보
다 하나가 되는 모델이 바람직하지 않나 생각합니다.

Q5

애니메이터는
박봉인가?

'연봉 110만 엔'으로 알려진 애니메이션 업계

앞장에서도 언급했지만, 다시 '애니메이션 업계 블랙설'을 살펴봅시다. 왜 애니메이션 업계가 블랙이라는 말이 나오게 되었을까요?

여기에는 분명한 계기가 있었습니다.

사단법인 일본 애니메이터·연출협회(JAniCA)가 2009년(조사년도는 2007년)과 2015년(동 2013년)에 애니메이션 제작자의 업무와 생활 수준을 세세히 밝힌 조사 결과를 「애니메이터 노동백서 2009」「애니메이션 제작자 실태 조사 보고서 2015」에 각각 발표했습니다.

그 결과 중 일부를 신문이나 방송에서 '(20대) 애니메이터의 평균 연봉 110만 엔'으로 보도하면서 사람들에게 화제가 된 것입니다. 보도 초반에는 '20대 애니메이터 평균 연봉 110만 엔'이었는데 점점 생략되어 '애니메이터 평균 연봉 110만 엔'으로 알려지게 되었고, 지금은 업계 전체가 그런 상태인 것 같은 분위기가 되어 버렸습니다.

일반적으로 알려진 애니메이션의 인기 직종은 감독, 애니메이터, 성우 정도입니다. 애니메이터에 관심이 쏠리는 것이 당연하겠지만, 애니메이터에도 직종이 다양하며 능력에 따라 수입에 단계가 있습니다. 이를 살펴보면 이와 같은 발견을 할 수 있습니다.

- 애니메이션 제작에는 많은 직종이 있다.
- 애니메이터에도 직급이 몇 종류로 나뉜다.
- 직종에 따라 수입차가 크다.
- 같은 직종이라도 직위에 따라 수입차가 크다.

애니메이션 제작직 연수입 조사 결과 (단위: 만 엔)

	직종	연수입 평균 (2009년)	연수입 평균 (2015년)	차이	최소치 (2009년)	최대치 (2009년)	회답자 수 (2009년)
1	시나리오	0	—	—	0	0	
2	그림 콘티	454.5	372.3	- 82.2	170	720	10
3	감독	495	648.6	153.6	201	700	15
4	연출	333.6	380.3	46.7	50	850	23
5	총작화감독	513.1	563.8	50.7	50	850	18
6	작화감독	399.5	393.3	- 6.2	50	1,700	75
7	원화	232.5	281.7	49.2	14	1,700	227
8	LO 러프 원화	166.2	234.1	67.9	30	400	18
9	제2원화	102	112.7	10.7	37	300	12
10	3D CG 애니메이터	—	383.9	—	—	—	—
11	동화 체크	158.7	260.7	102	18	400	23
12	동화	104.9	111.3	6.4	5	500	101
13	색채 설계	—	333.5	—	—	—	—
14	채색	—	194.9	—	—	—	—
15	캐릭터 디자인	—	510.4	—	—	—	—
16	배경미술	—	341.6	—	—	—	—
17	판권	—	342.9	—	—	—	—
18	촬영	—	319.4	—	—	—	—
19	프로듀서	—	542	—	—	—	—
20	제작진행	—	309.2	—	—	—	—
21	기타	411.7	389.4	- 22.3	50	1,000	20
	전직종 (평균)	250.2	332.8	82.6	5	1,700	542

출처: 『애니메이션 제작자 실무 조사 보고서 2015』

보도에서는 그중에서도 가장 수입이 적은 동화 담당자를 다루었음을 알 수 있습니다.

애니메이션 제작직의 급여는 정말 적을까?

공평하게 따지기 위해 애니메이션 제작직 급여와 다른 민간 회사의 평균 급여를 비교해 봅시다. 일반 평균 급여와 애니메이션 제작직의 평균 급여 차이가 2009년은 180만 엔, 2016년은 81만 엔임을 알 수 있습니다. 확실히 차이가 크고, 급여가 상당히 낮다고 해도 할 말이 없는 상황입니다.

그러나 2009년부터 2016년에 걸쳐서 애니메이션 제작직의 평균 급여가 단숨에 80만 엔이나 오르면서 민간 평균 급료와의 차이가 100만 엔 가까이 줄어든 것을 알 수 있습니다.

그 원인은 민간의 평균 급여가 하락한 점도 들 수 있지만 2015년부터 프로듀서, 캐릭터 디자이너와 같이 민간의 평균 급여를 웃도는 직종도 조사 대상에 포함되었기 때문입니다. 그 결과 332만 엔이라는 평균 급여가 나왔습니다. 이것은 서비스업의 평균 급여와 거의 비슷한데 서비스업도 급여가 높은 직종은 아니므로 역시나

민간 평균 급여와 애니메이션 제작직 급여 비교

민간 급여 조사 연도	2008년	2014년	차액
민간 급여 평균	429.6만 엔	414만 엔	-15.6만 엔
	(평균 44.4세)	(평균 45.5세)	+1.1세
애니메이션 제작직 조사 연도	2009년	2015년	차액
애니메이션 제작직 급여 평균	250.2만 엔	332.8만 엔	+82.6만 엔
	(평균 31.9세)	평균(34.27세)	+2.37세
차액	179.4만 엔	81.2만 엔	-98.2만 엔
	연령차 12.5세	연령차 11.2세	-

출처: 2014년판『민간급여실태 통계조사』,『애니메이터 노동백서2009』,『애니메이션 제작자 실태조사보고서 2015』

낮은 건 사실입니다.

그러나 조사 대상의 평균 연령에 주목하면 2009년에는 12살, 2016년은 11살 가까이 민간 평균보다 젊습니다. 또 민간은 평균 급여가 제자리걸음인 데 반해 애니메이션 제작직의 급여는 오르는 추세라는 점을 고려하면 성장 가능성이 보인다고 할 수 있습니다.

애니메이션 제작직은 왜 평균 급여가 낮은가?

그러나 애니메이션 제작직의 급여가 다른 업종에 비하면 낮다는 점은 분명합니다. 그 원인은 어디에 있을까요?

앞서 'JAniCA'의 조사에서 '직급별 수입차가 크다'라고 기술하였는데 목록을 보면 한눈에 이해할 수 있습니다. 1위인 감독과 최하위인 동화 담당은 금액으로 537만 엔이나 차이가 납니다. 무려 5.8배 차. 다른 업계에서는 보기 어려운 격차입니다.

감독을 시작으로 그 뒤를 잇는 작화 총감독, 프로듀서, 캐릭터 디자이너는 다른 업종과 비교해도 상당히 급여가 높습니다. 이러한 상위 급여 직종은 할리우드 영화계에서 말하는 above the line(원작, 각본가, 제작 최고 책임자, 프로듀서, 감독, 주요 배우 등)에 해당하는, 작품의 크리에이티브와 인기에 직접적인 영향을 주는 사람들입니다.

그에 반해 작화 감독부터 아래는 below the line(일반 스태프 등 예산 변동 폭이 작은 직종·요소)입니다. 그중에서도 압도적으로 제2 원화와 동화 담당의 평균 급여가 낮고, 최저 금액인 숙박업·식당 서비스의 평균 급여 233만 엔을 밑돕니다.

이것이 애니메이션 제작직 급여의 평균을 낮추는 원인입니다. 특히 동화 담당은 2009년판 조사에 의하면 101명으로 18% 이상

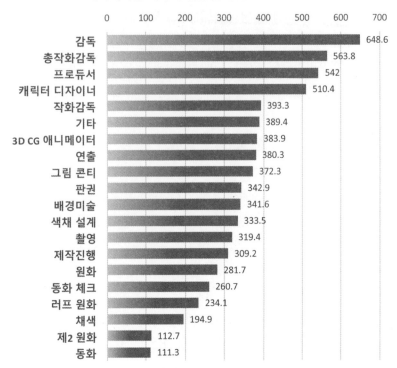

애니메이션 제작직 평균 급여 랭크(단위: 만 엔)

감독	648.6
총작화감독	563.8
프로듀서	542
캐릭터 디자이너	510.4
작화감독	393.3
기타	389.4
3D CG 애니메이터	383.9
연출	380.3
그림 콘티	372.3
판권	342.9
배경미술	341.6
색채 설계	333.5
촬영	319.4
제작진행	309.2
원화	281.7
동화 체크	260.7
러프 원화	234.1
채색	194.9
제2 원화	112.7
동화	111.3

출처: 『애니메이션 제작자 실태조사보고서 2015』

을 차지하므로 애니메이터 급여의 평균치에 큰 영향을 주고 있다고 생각할 수 있습니다.

'블랙설'의 뿌리는 동화에 있다

동화 담당이 평균 급여를 낮추는 요인임을 알았습니다. 제2 원화도 비슷한 수준이지만, 2009년 조사에서는 그 수가 12명(2015년은 기재 없음)에 불과하듯 역사가 비교적 짧으며 일본의 제작 상황에 따라서 생겨난 특수한 직무입니다.

그런데 동화는 1910년도에 생겨난 유서 깊은 직무입니다. 동화야말로 '애니메이터'의 출발점이며 원화(움직임의 기본 그림. Key animation)의 선을 따서 사이사이에 움직임을 넣는 작업(in-between)을 합니다.

문제는 이 동화 담당의 작업비가 현재 1장당 200엔, 작업량은 하루에 최대 20장에서 30장이 한계라서 결국 월급이 10만 엔 전후에 머물게 된다는 점입니다. 다른 평균 급여를 보면 총작화감독의 연봉이 536만 엔, 캐릭터 디자인이 510만 엔, 작화 감독이 393만 엔, 원화가 281만 엔이라는 통계가 2015년에 나왔습니다. 반면에 동화는 111만 엔입니다.

동화도 원화도 작화 감독도 캐릭터 디자인도 작화 총감독도 같은 '애니메이터'입니다. 그럼에도 불구하고 왜 이렇게 '애니메이터 간의 소득 격차'가 생기는 걸까요?

동화 담당직의 탄생

1906년에 미국에서 애니메이션이 탄생했을 때(제임스 스튜어트 블랙톤의 「유쾌한 얼굴/Humorous Phasea of Funny Faces」) 캐릭터 디자인과 캐릭터를 움직이는 것부터(원화에서 동화) 배경까지 전부 한 명의 애니메이터의 손에서 이루어졌습니다. 현재의 개인 제작 애니메이션과 마찬가지입니다.

그것이 1910년대 후반에 영화 산업이 흥행하면서 그 수요에 따라 미국 애니메이션도 산업화가 진행되었습니다. 그 과정에서 '애니메이션 업계의 대통령'이라고 불린 존 랜돌프 브레이 등의 손에 의해 대량 생산을 위한 업무 세분화와 기술이 개발되었습니다. 그때부터 캐릭터·애니메이션과 배경(셀 시트 발명), 원화와 동화가 분리되었고 직종, 직급에 따라 보수에도 차이가 생기기 시작했습니다.

　이처럼 제작 과정의 효율화로 인해 제작 생산성이 크게 뛰어올라 1910년대 후반부터 잇달아 스튜디오가 설립되기 시작합니다. 그때부터 디즈니의 미키마우스나 플라이셔의 베티 붐, 뽀빠이 같은 히트작이 태어나면서 1930년대부터 애니메이션 황금시대가 초래하게 됩니다.

　한편 일본에서는 1917년에 첫 애니메이션이 공개되었으나 그 당시에는 도제 제도처럼 제자 한 명에게만 전수하는 가내수공업으로 작품이 만들어졌습니다. 퀄리티의 개선과 효율화가 좀처럼 나아지지 않았고, 미국과는 차이가 벌어지기만 했습니다. 이러한 상태는 2차 대전 후 일본의 애니메이션이 산업화하기 전까지 이어집니다.

애니메이터가 프리랜서로

　1958년에 일본 첫 상업 애니메이션 「백사전」이 공개되면서 애니메이션 산업이 본격화되었습니다. 그 중심이 된 것은 도에이 애니메이션이었습니다. 그 당시에 도에이 애니메이션은 모회사의 도에이가 일본 제일의 매출을 자랑하는 영화사였던 덕분에 애니메이션 스태프도 정사원으로 고용했었습니다. 잔업비도 기본적으로 나왔습니다. 물론 납품일이 다가오면 며칠이고 밤새워야 했지만, 그 무렵은 어느 업계든 바쁘면 주말에도 일하는 것이 당연한 풍조였으므로 큰 문제가 되지 않았습니다.

또 도에이 애니메이션에 이어서 대형 스튜디오가 된 '무시 프로 덕션'이란 곳이 있습니다. 일본 첫 30분 TV 애니메이션 시리즈「우주소년 아톰」이 공전의 성공을 거두었고, 최전성기에는 400명이나 있었다는 직원의 대우도 나쁘지 않았습니다.

특히 애니메이터에게는 도미노 요시유키 감독도 회고했듯이 '애니메이터가 아니면 사람이 아니다'라는 정신이 있었다고 합니다. 그래서 도에이 애니메이션에서 실력이 뛰어난 애니메이터는 고액 스카우트로 타사에 뺏기는 등, 몇 년만 일하면 집을 세울 정도로 좋은 환경에서 일했다고 합니다.

변화가 일어난 건 1970년대에 들어서부터입니다. 1972년에 도에이 동화(도에이 애니메이션)에서 희망퇴직을 모집하는 회사를 상대로 노조가 맹렬히 반발, 거듭되는 항의 속에 단체 협상이 지지부진하자 회사 측이 본사를 반년 가까이 봉쇄하여 구조조정을 단행한 사건이 있었고, 이듬해에는 무시 프로덕션이 도산했습니다.

전자는 1960년대부터 영화 산업이 기울면서 모회사인 도에이를 비롯한 그룹 전체가 축소하는 추세 속에서 제작비까지 올라 만성 적자에 빠진 도에이 동화가 조직을 구조조정하려는 가운데서 나온 조치였습니다. 후자는 부실 경영의 결과라고 알려져 있는데, 결국 데즈카 오사무는 경영자로서는 아니었다는 뜻이었겠지요.

이 1970년대 초반에 일어난 사건 이후로 애니메이터를 비롯한 모든 스태프를 회사에서 직접 고용했던 기존 제도에 변화가 일기 시작합니다. 개인 업무 위탁 제도를 도입하게 된 것입니다. 프리랜서가 일반적인 현재와 달리, 그 시대는 회사에서 고용하지 않은 사람을 실업자로 보는 시절이었습니다. 초반에 얼마나 심리적 저항

이 컸을지 쉬이 상상이 갑니다.

그러나 업무 위탁 제도 도입을 주도한 고용주도 할 말은 있었습니다. 사외 애니메이터에게 외주한 업무 위탁보다 사원 애니메이터의 생산성이 떨어진다는 겁니다. 그 당시부터 사내에서 모든 제작 업무를 해결하기 곤란했던 탓에 하청 프로덕션이나 프리랜서 애니메이터에게 항상 외주를 맡겼었습니다. 그에 비교하면 사원 애니메이터의 생산성이 낮았던 것이지요. 심지어 사원이면서 다른 회사의 업무를 수주받고 그쪽을 더 우선시하는 사람도 있다는 사실이 문제가 되었습니다.

그러한 경위도 포함하여 70년대부터 직접고용제도에서 능률에 따른 위탁제가 시행되었고, 애니메이터의 매달 수입이 업무량에 따라 변동하는 사례가 늘기 시작했습니다.

1980년대의 원화와 동화

지금으로부터 34년 전 「아니메쥬」(※월간 애니메이션 잡지) 1984년 10월에 게재된 기사에 TV 시리즈의 동화 한 장당 단가 120엔, 극장 작품은 1장에 150엔, 월 1,000장이 한계라고 나와 있습니다. 그 무렵의 대졸 평균 첫 월급이 13만 5800엔(후생성 '임금구조 기본통계조사보고'에서)이었으므로 TV 시리즈라면 가장 높아도 평균보다 조금 낮고, 극장 작품이면 조금 높은 금액입니다. 하지만 실제로 한 달에 1,000장을 그리는 동화직은 그렇게 많지 않았을 터이므로 다시 말해 일반 수입 수준보다 낮았다고 할 수 있습니다.

그러면 원화는 어떤 상황이었을까요? 「아니메쥬」 1984년 12월에 실린 '실록 일본의 젊은 애니메이터들'이라는 젊은 애니메이터

특집이 매우 흥미롭습니다. 이에 참가한 사람은 기타쿠보 히로유키(당시 20세), 안노 히데아키(당시 24세), 모리야마 유지(당시 24세), 야마시타 마사히토(당시 22세), 이타노 이치로(당시 25세)라는 이후에 일본의 제일가는 애니메이터, 감독이 되는 멤버들이었습니다. 그 대담 속에 원화는 원 컷이 2,500엔부터 3,000엔, '보통' 월수입이 30만 엔이라고 나옵니다. 젊은 그들은 그 3분의 2, 아니 절반밖에 못받는다는 토론이 전개되지만, 당시에는 신인이라도 원화가 일반인보다 보수가 훨씬 많았음을 알 수 있습니다.

1장에 200엔이 된 이유

한편 1980년대 중반에 140엔이었던 동화의 단가가 현재는 200엔입니다. 비록 가격은 올랐지만, 애초에 단가가 너무 낮습니다. 또 현재는 그림이 고도화, 복잡화되어 하루에 최고 20장에서 30장밖에 그리지 못합니다. 결국 월수입이 10만 엔 전후에 머무는 사람이 많습니다. 원화가가 되기 위한 등용문인 인턴 직급이긴 하지만, 거의 생활이 불가능한 보수입니다.

2015년 조사에 의한 애니메이터의 직종, 직급과 평균 급여를 봤을 때 총 작화감독이 536만 엔이면 최저 금액인 동화는 111만 엔입니다. 왜 이렇게까지 보수가 다른 걸까요? 단적으로 말하면 손그림 애니메이터의 경우 '부가가치'의 차이입니다.

그림 능력은 기본이고, 묘사력, 데생력, 스케치력, 레이아웃(카메라 촬영)의 구도가 명확한가, 캐릭터 연기가 대담하며 독창적인가, 이 사람이 아니면 할 수 없는 기술을 가지고 있는가 하는 크리에이티브 능력. 체력, 향상심, 대화 능력, 스케줄 대응력 같은 업무 능력. 잘 가르치느냐, 직장 분위기를 잘 살리느냐, 다른 애니메이터에게 좋은 영향을 주느냐, 후배를 잘 케어하느냐 등의 인격 면을 '부가가치'로 보고 보수를 결정하는 것입니다.

업계 내에서 제기되지 않는 동화 담당의 보수 문제

하지만 아무리 생각해도 한 장에 200엔이라는 동화의 단가는 보수 대 소비 시간으로 보아도 균형이 전혀 맞지 않습니다. 경제적으로 여유가 있는 스튜디오라면 작업량에 상관없이 기본적인 한 달 보수가 보장되지만, 많은 스튜디오가 완전한 성과급제, 혹은 최저보장+성과급 시스템입니다.

그런데 이러한 동화 단가가 정말 타당한 금액인지에 대해 그 장본인인 애니메이터 측의 주장이 그다지 적극적이지 않습니다. 물론 지금 동화를 그리는 신입 애니메이터라면 말을 꺼내기 곤란하겠지만, 과거에 동화 담당을 경험한 베테랑 애니메이터들까지도 '동화 단가를 올려야 한다' 부분에 대해 그다지 큰 목소리를 내지 않으니 참 이상할 따름입니다.

애니메이터에 관한 통계를 내는 'JAniCA'도 이 문제에 관해 공식적인 견해를 발표하지 않고 있습니다(대표이사의 의견은 있지만).

애니메이터는 일한 시간이 아니라 성과물로 판단하는 냉정한 직업입니다. 커리어 업이 어려운 줄 알면 얼른 단념하고 다른 직업으로 바꾸는 편이 좋으므로, 난도를 높이는 의미에서도 단가를 올릴 필요가 없다는 주장도 간간이 들립니다.

문제를 제기하는 쪽은 매스컴이나 관공서, 인터넷상에서 떠도는 주장 등, 당사자가 아닌 사람들이 많습니다. 한국이나 중국 등 해외에 외주를 맡기면 충분히 해결된다는 이유도 있겠지만(현재 동화의 70% 이상이 해외 외주입니다), 당사자들 사이에서 구체적인 논의가 이루어지는 것 같지는 않습니다.

유일하게 디지털화되지 않은 작화 작업

여기에서 동화와 같은 단가에서 출발한 '채색'(지정된 색에 따라 동화에 색을 칠하고 마무리하는 작업)으로 눈을 돌려 봅시다.

채색은 동화와 비슷한 단가가 도입되어 2000년대에 들어서까지 동화 담당과 수입이 거의 비슷했으나 디지털 기술의 도입으로 상황이 확 바뀌었습니다. 그전까지는 수작업으로 셀 시트에 애니메이션 컬러라는 수성 물감을 칠하는데, 컴퓨터와 프로그램의 도입으로 과거보다 2배에서 4배의 양을 처리할 수 있게 되었습니다. 이리하여 같은 단가였던 동화보다 보수가 많아지는 현상이 발생하였습니다.

이 사실은 점차 디지털화되는 작업 과정 중에서 혜택을 보지 못한 파트로는 유일하게 작화만 남았음을 의미합니다(채색과 같은 시기에 촬영과 미술 등도 디지털 기술을 도입하여 생산성이 올랐습니다). 지금으로서는 남은 작화 파트의 디지털화가 최대 중요 과제입니다.

제작 측과 애니메이터의 정서적 관계성

그런데 왜 지금까지(업계 내에서는 지금도) 동화 담당의 대우가 개선되지 못하는 것일까요? 그 이유에는 스튜디오 측과 애니메이터와의 암묵적인 이해가 있다고 판단합니다.

　　동화 담당은 매달 수백 장(300장~600장)의 동화를 그릴 수 있게 되면 원화로 승진하는 기회가 찾아옵니다(시험이 있는 스튜디오도 있습니다). 그렇게 정식으로 원화가가 되어 경험을 쌓으며 능력을 인정받게 되는데, 문제는 그렇게 되면 다른 스튜디오로 옮기거나 독립하는 사람이 상당히 많아진다는 겁니다. 스튜디오 입장에서는 지금부터 제 능력을 발휘할 때 떠나 버려서(혹은 타사에 빼앗겨서) 맥이 빠질 때가 많다고 합니다.

　　그러나 애니메이터의 이적과 독립을 아무도 막으면 안 되는 것이 업계의 상식입니다.

　　스튜디오 측은 회사를 떠난 애니메이터가 언젠가 다시 돌아와서 일해 주기를 바랄 수밖에 없습니다. 애니메이터는 업계의 공유 재산이라는 인식인지도 모르겠지만, 여기서 동화 시절의 적은 보수를 당연시하는 스튜디오 측과 애니메이터 사이에 정서적 관계가 있는 듯합니다.

애니메이션 업계는 큰 가족

　　일본 애니메이션 업계는 산업 초창기부터 도에이 동화(도에이 애니메이션)를 시작으로 무시 프로덕션, 도쿄 무비(TMS 엔터테인먼트), 다쓰노코 프로덕션(다쓰노코 프로) 등의 인맥이 뒤얽히면서 성립해 왔습니다. 회사 간의 이적이나 인재 교류가 초창기부터 활발했던 것입니다. 그리고 무시 프로덕션이 도산하고 선라이즈와 매드하우스가 탄생했듯이 인맥은 새로운 세대로 퍼집니다.

　　초창기 스튜디오에서 독립한 회사의 계보를 보면 현재 존재하는 대부분의 스튜디오는 1960년대에 설립된 스튜디오를 뿌리에 두고 있습니다(애니메이션 스튜디오가 어느 한 지역 주변에 밀집한 이유는 모체 스튜디오의 입지와 깊은 관계가 있기 때문입니다). 그 관계가 현재까지 이어져 내려오면서 서로 업무를 의뢰하므로 경영진부터 스태프에 이르기까지 연결고리가 매우 깊은 셈입니다.

미국처럼 엄격한 관계를 원하는가?

미국에는 일본의 동화 담당과 같은 문제가 존재하지 않습니다. 왜냐하면 미국에는 길드(Guild)나 유니온(Union)이라는 업계를 망라하는 강력한 직종별 노동조합이 있기 때문입니다. 엔터테인먼트 업계에서는 미국영화배우협회(Screen Actors Guild)나 미국작가조합(Writers Guild of America), 미국감독협회(Directors Guild of America) 등이 유명하고, 애니메이션 업계에는 애니메이션 길드(Animation Guild)가 있습니다.

이러한 단체와 스튜디오가 맺은 노사협정은 상당히 세세한 부분까지 노동 조건으로 정해져 있어서 이 조합에 가입하면 보수가 보장될 뿐만 아니라 노동 시간이나 잔업, 휴일 등 모든 국면에서 조건이 정해져 있습니다.

디즈니(월트 디즈니 픽처스와 디즈니 텔레비전 애니메이션)를 필두로 주요 회사는 전부 이 길드와 협정을 맺었습니다. 애니메이션 길드에 가입하고 그곳과 협정을 맺은 스튜디오에서 일하는 한 신분이 보장되는 셈입니다. 교육받는 실습생(trainee)도 실습 기간에는 실제 채용자의 최저 임금과 거의 동등한 보수를 받습니다. 비록 입회비나 회비는 비싸지만, 그만한 대가를 보상받습니다.

이러한 고용 환경이 확보되는 이유도 제작비에 여유가 있어서겠지요. 극장 애니메이션이라면 1억 달러(110억 엔), TV에서도 신디케이션(지상파 네트워크 방송망)용이 1화 30만 달러(3,300만 엔), 네트워크용은 50만 달러(5,500만 엔)에서 1억이 넘는 제작비가 가능해서입니다.

일본의 TV 애니메이션 제작은 1,300만 엔(어린이·가족용 작품)부터 1,800만 엔(분기 애니메이션) 폭에 해결되는 경우가 대부분입니다.

반면에 유니온 회원에게는 그에 상응하는 의무가 생깁니다. 가입자는 협정 스튜디오 외에는 일할 수 없는 원칙 외에도(어기면 벌금이 있습니다) 업무 시간이나 스케줄을 엄격하게 지켜야 합니다.

일본에 이러한 조합이 생기지 않는 이유가 이를 지지할 경제적 기반이 없어서라고 하면 그것으로 끝날 일이지만, 여전히 그러한 움직임이 보이지 않는 것을 보면 앞서 지적한 일본 애니메이션 업계의 '큰 가족'이라는 특성이 영향을 끼친 것으로 생각됩니다.

애니메이터의 실제 노동 시간은 짧다?

아이러니하게도 일본은 본래 노조가 해야 할 일을 정부가 하고 있습니다. 바로 '업무 방식 개혁'입니다. 현재 애니메이션 스튜디오는 '노동기준감독서'의 좋은 먹잇감입니다. 대부분 유명 스튜디오에 노동기준감독서의 조사가 들어가면 모두 대응에 골머리를 앓지만, 애니메이션 업계 내에서도 확실히 업무 방식이 개혁되어 가고 있습니다.

어느 중견 스튜디오는 노동기준감독서의 사찰 결과, 잔업수당의 전액 지급 권고를 받고 전부 정산했다고 합니다. 그곳은 많은 스튜디오가 그렇듯 심야(라기보다 아침)까지 전등이 꺼지지 않는 곳이었는데 앞으로도 잔업수당을 완벽히 정산하게 되면 경영이 어려워지기 때문에 큰마음 먹고 저녁 10시에는 스튜디오 문을 닫기로 결단을 내렸습니다. 지금까지처럼 TV 시리즈를 진행할 수 있을지 걱정했지만, 막상 시작하고 보니 납품에 전혀 영향이 없었다고 합니다.

또 몇 년 전 어느 실험에서 스튜디오에 카메라를 설치하고 애니메이터의 가동률을 조사했더니 애니메이터의 실제 노동 시간은 8시간, 그에 비해 작화감독은 14시간이라는 결과가 나왔다고 합니다. 애니메이터의 실제 노동 시간이 예상보다 짧은 점, 밤낮으로 일하는 작화감독의 활약이 드러난 조사였으나 이 결과를 보면 밤 10시에 회사 문을 닫아도 작화감독 외에는 곤란하지 않은 셈입니다.

여담을 말하자면 제가 재적했었던 '매드하우스'가 스기나미 구청 반대편에 있을 무렵에 어느 공무원에게 "섣달그믐날 밤에 불이 꺼져 있더군요."라는 말을 듣고 씁쓸하게 웃었던 기억이 있습니다. 일본의 애니메이션 스튜디오는 업무 장소인 동시에 생활 터전이며 대화의 장입니다. 그것이 직원·스태프와의 관계와도 이어져 있을지도 모르지만, 그와 동시에 일본 애니메이션이 발전한 큰 요인인지도 모릅니다.

과거 전성기를 누렸던 영화 스튜디오는 '불야성'이었고, 그곳에서 재능 있는 수많은 인재를 배출하였습니다(그 무렵 영화 업계는 호경기였고, 잔업수당이 나왔습니다). 그런데 현재는 '불야성'은커녕 스튜디오 자체가 소멸하고 있습니다. 시대의 흐름이 '업무 방식 개혁'을 이룬 것이겠지만 '불야성'이 사라지면서 일본 애니메이션의 좋은 제작 문화도 변해 버리겠다는 예감도 듭니다.

그렇다고 해도 '업무 방식 개혁'으로 볼 수 있듯이 변화의 물결은 피할 수 없습니다. 최근의 CG 스튜디오처럼 업무 시간을 준수하는 스튜디오도 틀림없이 늘어날 것입니다.

무책임한 매스컴의 '블랙' 발언

업계 움직임을 보면 앞으로도 동화직의 단가가 지금보다 더 올라갈지는 다소 의문이 듭니다. 그전에 다소 주춤하는 사이에 본격적인 펜 태블릿의 도입으로 생산성이 높아져서 보수가 좋아질지도 모릅니다. 또 중간 동화 자동 생성 시스템 도입이나 캐릭터 애니메이션 자체가 CG화되면 아예 동화라는 직종 자체가 없어져 버릴 것입니다. 디지털화로 기술 혁신이 이루어짐에 따라 이윽고 동화직의 문제도 점차 해소되겠지요.

앞에서도 언급했듯이 최근 들어 '애니메이션 업계 블랙설'이 주목받게 된 이유는 주요 언론사들이 대대적으로 다루었기 때문입니다.

'젊은 애니메이터의 연봉 110만 엔'이라는 제목으로 NHK나 니혼TV, 요미우리 등이 보도하면서 큰 반향을 불러일으켰습니다. 노동기준감독서의 관심을 끌고, 애니메이션 제작의 노동 환경을 바꾸는 계기가 되었지만, 곰곰이 생각해 보면 이러한 주요 언론사의 발언에는 커다란 모순이 있습니다.

왜냐하면 NHK나 니혼TV야말로 일본 애니메이션 산업의 중심이며 수많은 애니메이션 방송을 제작하는 제작사나 다름없기 때문입니다.

1963년의 「우주소년 아톰」 이후, TV 애니메이션은 일본 애니메이션 산업의 중심이 되었습니다. 그 핵심에 있는 존재가 바로 방송국입니다. 50년에 걸쳐 방송뿐만 아니라 '제작물을 기획하고 책임을 지는' 제작자였던 방송국이 자신의 입장을 망각하고 애니메이션 제작 현장을 고발하는 것은 명백한 모순입니다.

그런 보도를 하기에 앞서 자기 방송국이 주도하는 애니메이션 제작 현장부터 돌아보고 반성해야 마땅한데 그런 검증도 없이 애니메이션 업계를 블랙이라 보도하니 놀라울 따름입니다. 특히 자사 기자의 과로사가 밝혀진 NHK에 그럴 만한 자격이 있는지 새삼 묻고 싶습니다.

4장에서도 언급했듯이 애니메이터의 열악한 노동 환경이 제작위원회 때문이라는 논조가 인터넷을 중심으로 퍼졌습니다. 그러나 사실은 그 이전에 '방송국 블랙설'이 도마 위에 올랐었습니다. '제작위원회 블랙설'이 파다해지면서 살짝 사람들 머릿속에 잊혔지만, 문제는 여전히 남아 있습니다.

근거 없는 '방송국 인세'(출자하지 않은 방송국이 작품의 2차 이용으로 얻은 수입에서 일정 '인세'를 걷는 것), 마찬가지로 곡을 제작한 적도 없는데 주제가의 음악 출판 대표권을 가져가는 등(곡 인세는 제일 먼저 대표권을 가진 회사에 입금됩니다), 방송을 장악하는 우월한 지위를 남용한다는 의문이 여전히 남아있습니다.

'애니메이션 공동화론'이란?

애니메이터의 저임금 문제와 함께 '애니메이션 공동화론'까지 인터넷을 중심으로 퍼지고 있습니다. 일본 애니메이션 제작 경향을 걱정하는 주장은 주로 아래의 두 가지입니다.

- 동화나 채색 등을 외주하는 해외(아시아 각국, 특히 한국과 중국)에 기술이 유출하여 각국의 애니메이션 작품 퀄리티가 상향되어 일본이 경쟁력을 잃는다.
- 원화 애니메이터가 되기 위해 꼭 거치는 훈련 과정인 동화가 해외 외주로 바뀌면서 국내에서 훈련할 기회가 사라진 탓에 애니메이터 양성이 어려워진다.

확실히 일본의 애니메이션 제작이 포화 상태라고 언급하였습니다. 현재 일본은 동화와 채색의 70%에서 80%를 해외에 외주하는 실정입니다. 또 작품에 따라서 원화와 배경 파트까지 해외에 맡기기도 합니다. 그럼 정말 일본 애니메이션이 공동화될 위험이 있는지 자세히 살펴봅시다.

애니메이션 제작 기술이 유출되는가?

일본에서는 1970년대부터 도에이 애니메이션이 어느 곳보다도 앞장서서 동화와 채색을 한국에 맡기게 된 것을 계기로 점차 대만, 중국에도 발주하게 되었습니다. 그렇게 되면 당연히 기술이 넘어갈 위험도 있겠지만, 아직 일본에서도 이슈가 될 정도로 퀄리티 높은 작품은 나오지 않고 있습니다.

그 이유는 외주를 맡기는 작업이 부가가치(퀄리티 정도)가 낮은 동화, 채색 작업이 중심이기 때문입니다. 작품의 재미나 퀄리티를 떠받치는 원작, 각본, 연출, 그림 콘티, 레이아웃, 원화, 음향처럼 작품의 주축이 되는 작업은 기본적으로 일본 국내에서 처리합니다. 특히 원작에 있어서 결정적으로 다른 것은 일본 외에 다른 아시아 각국에 만화 산업이 탄탄하지 않습니다.

일본인처럼 교과서에 캐릭터를 그리면서 만화가를 꿈꾸는 아이가 수두룩한 나라는 아시아에 없습니다(서양에도 없지만). 물론 애니메이션도 유치원생일 때부터 봅니다. 그런 아이들이 원작자뿐만 아니라 감독, 각본가, 애니메이터가 되는 것입니다. 그 확고한 '만화 지식', '애니메이션 지식'을 가진 사람이 만들어내는 창조적인 핵심 기술은 그렇게 쉽게 따라갈 수 없습니다.

미국에서는 이미 1959년에 역사상 처음으로 해외(멕시코)에 애니메이션 외주를 맡겼지만(「Crusader Rabbit(십자군 래빗)」), 미국 애니메이션 산업은 공동화에 빠지기는커녕 여전히 흥행하고 있습니다.

| 도에이(東映) 애니메이션 | 1951년 |

A프로덕션 (신에이동화)	1965년
스튜디오 주니어 (소멸)	1969년
동화공방	1973년
시로구미	1974년
아세아당(亜細亜堂)	1978년
스튜디오 히바리	1979년
아니마루야 (에크라 애니멀)	1982년
스튜디오 지브리	1985년
어센션	2008년

| 무시(虫) 프로덕션 | 1961년 |

오피스 아카데미	1963년
KnacK (ICHI)	1967년
데즈카 프로덕션	1968년
그룹 Tac	1968년
선라이즈	1972년
매드하우스	1972년
나카무라 프로덕션	1974년
샤프트	1975년
무시(虫)프로덕션 (신 무시프로)	1977년
갤럽	1978년
아니메 인터내셔널 컴퍼니	1982년
이매진	1992년

| TMS 엔터테인먼트 | 1964년 |

텔레콤 애니메이션 필름	1975년
브레인즈 베이스	1996년
ufotable,	2000년
유호도(遊歩堂)	2002년
EMT 스퀘어드	2002년
마자 애니메이션 플래닛	2005년

| 타츠노코 프로덕션 | 1962년 |

키노 프로덕션	1965년
프로덕션 아이	1970년
아시 프로덕션 (프로덕션 리드)	1975년
디자인오피스 메카맨	1976년
피에로	1977년
스튜디오 TARGE	1979년
STUDIO EASTER	1985년
J.C.STAFF	1986년
프로덕션IG	1987년

시너지 재팬	1998년

Lerche	2011년
스튜디오 포녹	2015년

A·C·G·T	2000년		
디오미디어	2005년		
스튜디오 딘	1975년		
스튜디오 다쿠란케	1987년		
본즈	1998년		
맹그로브 (소멸)	2002년	제노 스튜디오	2015년
브리지	2007년		
Odd Eye Creative	2011년	Ordet	2007년
야오요로즈	2013년		
부에몬	2014년		
스튜디오 안나푸르	1980년		
교토애니메이션	1985년		
노마드	2004년		
MAPPA	2011년		
스튜디오 치즈	2011년		

BLADE	1990년
프로덕션 IMS (소멸)	2013년
타이푼 그래픽스	2014년

Actas	1998년		
피에로플러스	1992년		
아르크투르스	2000년	세븐 아크스	2002년
Feel.	2002년		
ZEXCS	1998년		
XEBEC	1995년	Triple A	2002년
비트레인	1997년	C-Station	2009년
P.A.WORKS	2000년		
키네마 시트러스	2000년		
WIT STUDIO	2012년		
시그널 MD	2014년		

젊은 인재가 자라는 애니메이션 업계

게다가 젊은 애니메이터가 양성되지 않는다고 단정하기엔 성급합니다. 애니메이터의 경우 경험을 쌓은 30대부터 50대가 중심이지만, 젊은 20대 애니메이터(2018년 3월 시점) 중에서도 유능한 원화가가 계속해서 나오고 있습니다.

교토 세이카 대학 시절에 「후미코의 고백」으로 일약 주목을 받고 「태풍의 노르다」에서 캐릭터 디자인과 작화감독을 맡은 이시다 히로야스(1988년생), 「제로의 사역마F」 작화감독 미쓰다 하지메

애니메이션 스튜디오 채용 상황

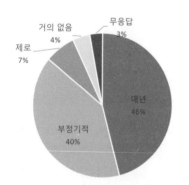

직종	회사 수	채용 인원	평균 인원
동화	70사	313명	4.5명
채색	23사	65명	2.7명
미술	21사	46명	2.1명
촬영·편집	22사	50명	2.1명
합계	136사	474명	

회사 형태	원청	준원청	하청	작화	동화·채색	미술	촬영·편집	합계
동화	110명	66명	75명	59명	3명	0명	0명	313명
채색	11명	13명	31명	2명	6명	2명	0명	65명
미술	5명	1명	0명	0명	0명	40명	0명	46명
촬영·편집	10명	7명	4명	1명	1명	10명	17명	50명
합계	136명	87명	110명	62명	10명	52명	17명	

출처: 2009년도 아시아 콘텐츠 인재 네트워크 구축사업(애니메이션산업 코어인재 육성사업)

(1988년생), 「Fate/아포크리파」 액션 디렉터 사카즈메 다카히토(1988년생), 「블랙클로버」 감독·작화감독인 요시하라 다쓰야(1988년생), 「달링 인 더 프랑키스」 작화감독인 요네야마 마이(1988년생), 「허긋토! 프리큐어」 작화감독·원화인 와타나베 고다이(1988년생) 등, 20대에 작화감독을 맡은 애니메이터를 배출하고 있습니다.

그 외에도 「헬로!! 금빛 모자이크」 작화 총감독인 노나카 마사유키(1989년생), 「Fate/아포크리파」 액션 디렉터 에노키도 슌(1990년생), 「가부키부!」 캐릭터 디자인의 마시로(1990년생), 「문호 스트레이독스 데드애플」 메인 애니메이터인 아베 아유미(1991년생), 17살에 원화가로 데뷔한 고지마 케이스케(1991년생)이나 그 뒤를 잇는 세대의 애니메이터도 이름을 올리게 되었습니다.

감독이나 프로듀서 쪽에도 젊은 인재가 많습니다. 몇 명만 예를 들어 보면 제가 매드하우스에 다니던 당시, '짱짱한 1999년 신입들'이라고 해야 할 정도로 유능한 인재가 모였었습니다.

감독으로서는 「데스노트」와 「진격의 거인」을 맡게 되는 아라키 데쓰로(1976년생), 「망량의 상자」 「재와 환상의 그림갈」의 나카무라 료스케(1976년생), 「공의 경계」 「갓 이터」의 히라오 다카유키(1979년생). 프로듀서로는 '스튜디오 치즈'의 대표인 사이토 유이치로(1976년생), 「러브라이브!」의 히라야마 다다시(1976년생), 「이 세상의 한구석에」의 마쓰오 료이치로, 한국 애니메이션 스튜디오 '애니하우스썬'의 대표인 고혜라(1975년) 등, 지금 생각하면 믿을 수 없는 멤버들이 있었습니다(히라야마 씨는 제가 입사하기 전에 선라이즈로 이적).

또 그들의 선배 중에는 「극장판 도라에몽 진구의 보물섬」 감독인 이마이 가즈아키(1976년생), 「유리!!! 온 아이스」 감독인 야마모토 사요(1977년생). 후배로는 「소드 아트 온라인」 「나만이 없는 거리」의 감독인 이토 도모히코(1978년생), 「제로에서 시작하는 마법의 서」「이 세상 끝에서 사랑을 노래하는 소녀 YU-NO」의 감독인 히라카와 데쓰오(1979년생), 「데스 퍼레이드」「모브사이코 100」 감독인 다치카와 유즈루(1981년생), 「노 게임 노 라이프」「우주보다 먼 곳」의 감독인 이시즈카 아쓰코(1981년생), 「BTOOOM!」 감독인 와타나베 고토노(1983년) 등이 있습니다.

지금은 이미 중견이 되었지만, 업계 전체에서도 1980년대에 태어난 감독과 스태프 대부분이 일선에서 활약하고 있으며 1990년대에 태어난 사람의 이름도 등장하고 있습니다.

스튜디오가 탄탄한 애니메이션 제작 현장

이처럼 수많은 인재가 나오는 이유는 인재 양성소인 애니메이션 스튜디오가 많기 때문입니다. 저는 2010년에 경제산업성의 의뢰로 애니메이션 스튜디오의 인재 양성 조사 현상에 관해서 설문 조사를 한 적이 있는데 꽤 많은 회사가 계획적으로 채용과 연수를 하고 있다는 사실을 알았습니다.

예시로 비교하자면 실사 영화에서는 현장에서 활약할 인재를 채용하는 스튜디오가 거의 없습니다. 영화 제작 프로덕션은 있지만, 감독 이하 각본이나 촬영, 미술을 담당하는 인재까지 고용하는 회사는 드뭅니다. 감독이 되려면 독립 영화를 만들어 대회에서 인정을 받거나 프리랜서로 조감독 단계부터 올라가는 방법뿐입니다. 아니면 방송국, 방송 제작사, 광고 제작사 등에 입사하여 영화감독이 될 기회를 호시탐탐 노려야 합니다.

사실 현역 감독 중에 스튜디오 출신은 쇼치쿠의 야마다 요지

(1931년생, 1954년 입사), 도에이의 후루하타 야스오(1934년생, 1974년 입사)나 1970년대 중반까지 인재를 채용했던 닛카쓰(도호, 쇼치쿠, 도에이는 1960년대 중반부터 채용 중지)의 네기시 기치타로(1950년생, 1954년 입사), 가네코 슈스케(1955년생, 1978년 입사) 외 몇 명뿐입니다.

영화 업계에는 애니메이션 업계처럼 연수를 받고, 선배들의 작업을 보고, 체험담을 듣고, 일하면서 경험을 쌓는 장소가 마땅히 없습니다. 이것이 현재 애니메이션과 실사 영화의 차이로 나타나는 것 아닐까요?

Q6

애니메이션에
관련된
일이란?

이제까지 애니메이션 산업, 애니메이션 업계의 실태를 살펴보았습니다. 인터넷에 떠도는 풍문으로 불안했던 분도 애니메이션 산업과 애니메이션 업계의 실상을 다시 생각해 보는 기회가 되었을 거라고 생각합니다.

여기서부터는 애니메이션에 관련된 업무를 소개하겠습니다. 애니메이션 업계를 진로로 생각하는 사람은 늘고 있지만, 역시나 전문적인 기술이 있어야 한다는 고정관념이 있는 듯합니다. 물론 어느 정도 기술이 필요한 직종도 있지만, 평범하게 고등학교, 대학을 졸업한 사람도 할 수 있는 일은 많습니다.

어떤 일이 있는지, 애니메이션에 직접 관여하는 제작, 애니메이션 기획이나 판매에 종사하는 프로듀스와 유통으로 나눠서 살펴봅시다.

제작(制作)

애니메이션 스튜디오(비전문직)

애니메이션 영상을 실제로 만드는 제작 회사/스튜디오는 기능에 따라 네 가지로 나눌 수 있습니다.

- **원청**……제작자/프로듀서(대부분 제작위원회)와 계약하여 극장 애니메이션이나 TV 애니메이션 시리즈 전체의 완성을 책임진다.
- **준원청**……원청과 각 화 제작 협력(하청)을 담당.
- **각 화 제작 협력(하청)**……TV 시리즈를 화별 단위로 제작.
- **작화·동화/채색 스튜디오**……원화나 동화, 채색 등의 파트를 담당. 원화만 맡는 경우도 있고, 동화나 채색, 어떨 때는 촬영까지 맡기도 한다.

일본 애니메이션 스튜디오에서 극장 애니메이션과 TV 애니메이션 시리즈를 한 곳에서 완성까지 전부 처리하는 곳은 없습니다. 예를 들어 12화 TV 시리즈라면 4화까지는 자사 스튜디오에서, 나머지 8화는 하청 A사와 B사에 발주합니다. 동화·채색, CG 촬영, 미술도 마찬가지입니다(자사에 미술부가 없는 경우, 전부 외주하기도 합니다). 음향(음성, 효과음, 더빙)이나 음악, 편집 같은 포스트 프로덕션(영상제작 후의 작업)은 거의 외주입니다.

원청으로는 「사자에상」의 에이켄, 「도라에몽」과 「짱구는 못말려」를 작업한 신에이 동화, 「포켓몬스터」와 「요괴워치」의 OLM,

화제작이 많은 도가코보, A-I Pictures, 디오미디어, ufotable, WIT STUDIO 등 쟁쟁한 스튜디오가 많습니다.

　준원청, 각 화 제작 협력, 작화 스튜디오로 넘어갈수록 규모가 작아지고, 지명도도 낮아지는데 일본 애니메이션 업계에는 이런 중소 스튜디오가 상당히 많습니다. 일본의 다른 산업과 규모는 같아도 이러한 폭넓은 시야 안에서 애니메이션이 만들어집니다.

　애니메이션 스튜디오는 애니메이션 제작의 전문직 회사이지만, 전문직뿐만 아니라 일반직도 채용합니다. 기본적으로 회사가 지정한 자격(학력, 부기 등의 자격)이 있으면 누구든 응모 가능한 직종입니다. 꼭 애니메이션을 좋아하지 않아도 됩니다. 물론 좋아하는 사람이면 더욱더 좋지만 누구에게나 열려 있는 직종입니다.

애니메이션 제작사(스튜디오)

원청	도에이 애니메이션, 선라이즈, TMS 엔터테인먼트, 반다이남코 픽처스, 스튜디오 지브리, 프로덕션 IG, 교토 애니메이션 신에이 동화, 에이켄, 매드하우스, 갤럽, OLM, A-1 Pictures, J.C.STAFF, 도가코보, 스튜디오 딘, 가이낙스, 스튜디오4°C, 샤프트, XEBEC, 사테라이트, SILVER LINK, 디오미디어, 브레인 베이스 스튜디오 5조, 데이비드 프로덕션, feel, ufotable, DLE, 세븐 아크스, 컬러, MAPPA/스튜디오M2, 트리거, P.A.WORKS, LIDENFILMS, TROYCA, 데즈카 프로덕션, wit studio, 스튜디오 히바리, ZEXCS, GoHands, 기네마시트러스, WHITE FOX, 스튜디오 치즈, project No.9, 폴리곤 픽처스, 스튜디오 콜로리도, FOREST Hunting One 파시오네, PINE JAM, NAZ, 슈카, EGG PIRM, Millepensee, 야오요로즈, Lay-duce, 사이언스SARU, REVOROOT, 제노 스튜디오, 디지털 프론티어 등

준원청	무시 프로덕션, 키노 프로덕션, 텔레컴 애니메이션 필름, 아지아도, 프로덕션 리드, 아트랜드, 스튜디오 코멧, AIC, 가이낙스, GONZO, 아사히 프로덕션, TYO애니메이션즈, TNK, 앤서 스튜디오, 프로덕션 IMS, SynergySP, 애니메이션스튜디오 세븐, A.C.G.T, 후즈엔터테인먼트, 엔커리지 필름스, Actas, 그라피니카, 아스리드, EMT 스쿼어드, 브리지, SIGNAL MD, Greators in Pack Inc, ZERO-G, NAZ, 산지겐 등
각 화 제작 협력 (하청)	스튜디오 엘르, 에쿠라 애니멀, 동몽(童夢), 스튜디오 Pastoral, 매직버스, 선샤인 코퍼레이션, Triple A, 스튜디오 쿠마, studio 피에로 플러스, Tomason, AXsoZ, studio애니메이션Do, 카오스프로젝트, 아제타 픽처스, 사쿠라 크리에이트, 사이클론 그래픽스, DANGUN PICTURES, 유호도, 와오월드, 마비잭, 스튜디오 거츠, 노마드, 어센션, M.S.C, 드림 크리에이션, Nexus, BLADE, 디지털네트워크 애니메이션, 스튜디오 이제나, PRA, 주몬도, 주몬지, drop, REVOROOT, 스튜디오 Blanc, 스튜디오 리브라 등
작화 스튜디오 (동화/채색)	스튜디오 라이브, 스튜디오 코스모스(아도코스모), OH!프로덕션, 나카무라 프로덕션, 아라키 프로덕션, 아니메토로토로, 앵글, 스튜디오 무, 스튜디오 다쿠란케, 스튜디오 도브. 네오미디어프로덕션, 스튜디오 자이언츠, 스튜디오 웜뱃, 스튜디오 김렛, 애니메이션 Do, 스튜디오 가구라, 규슈애니메이션, 그룹ZEN, Wish, 화방 미야비, 비보, 애니메이션 플래닛, Beloop, 이겔네스트, NEOX, 무겐칸, 베가 엔터테인먼트, 스튜디오 flad, 스튜디오 리브라, 진분, 애니터스 고베, 와후 애니메이션 등

일반직 (총무, 경리, 인사, 계약, 영업)

특별한 기술이 필요하지 않으므로 일반 고교, 대학을 졸업하여 취직하는 경우가 대부분입니다. 쭉 한 부서에만 있는 것이 아니라 종종 사내 이동도 합니다. 입사 후에는 일반 기업의 회사원처럼 사원, 계장, 과장, 부장, 전무, 이사로 승진합니다. 전문직이 아니므로 일반 입사부터 퇴직까지 회사원이나 마찬가지입니다.

제작/프로듀서 계열

- **제작진행**……애니메이션 제작 현장에서 관리 담당. 화별로 담당하며 스케줄, 작업 환경, 스태프, 퀄리티 등을 관리한다.
- **제작 책임자**……각 파트별 스태프 소집부터 시작해서 각 화를 담당하는 제작진행을 총괄. 작품 전체 스케줄, 품질, 예산을 관리한다.
- **라인 프로듀서**……제작진행, 제작 책임자의 위에서 제작 환경 전체를 총괄한다.
- **애니메이션 프로듀서**……제작위원회나 방송국(배급사), 외부 프로덕션과의 조정을 포함한 전체 책임자. 라인 프로듀서가 겸하는 경우도 있다.

애니메이션 스튜디오(비전문직) **커리어 업**

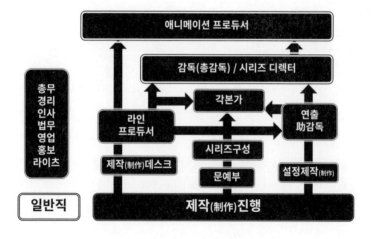

일반 전문학교, 대학을 졸업 후 스튜디오에 취직할 경우, 가장 구인이 많은 것이 제작진행입니다. 제작진행을 거쳐서 제작 책임자가 되고, 실적에 따라 라인 프로듀서가 됩니다. 라인 프로듀서부터는 실적이 좋으면 직급이 올라갑니다. 그리고 제작 계열의 필두가 프로듀서입니다. 제작 현장뿐만 아니라 제작위원회나 방송국, 비디오 제작사, 배급사와 같은 비즈니스 관련 기업과 협상이 필수입니다. 만약 이 윗단계로 올라간다면 스튜디오 대표이사, 새로운 스튜디오 창설, 독립제작 프로듀서로 전향하는 방법이 있습니다. 스튜디오에 따라서 고용 형태가 천차만별이지만, 제작 스튜디오에서는 기본적으로 일반직과 제작 담당(제작진행에서 프로듀서까지)은 사원입니다.

각본 계열

- **시리즈 구성**……제작위원회나 감독의 의향을 듣고, TV 시리즈 전체 스토리를 각 화별로 나누고, 정리한다. 업무 내용상 각본가의 조수에 위치하는데 실제로는 각본 팀의 리더가 맡는다. 시리즈 전체 스토리의 구성을 생각하고, 각 화를 담당하는 각본가에게 발주하는 역할.
- **각본가**……시나리오 작가. 원작을 영화화할 때 설계서에 있는 각본을 쓴다. 각본가의 오리지널 작품일 경우, 그 각본이 원작이 된다.

각본가를 지망하는 사람도 제작진행에서부터 출발합니다. 그 후에 문예부에 배속되면 기획서나 원작의 개요(줄거리) 작성 등을 거쳐서 플롯을 작성하게 됩니다.

다만 최근 들어서 문예부가 있는 스튜디오가 적어서 지망자는 각본가의 제자로 들어가거나 각본가의 사무실에 소속, 혹은 원작·각본·기획 콘테스트에 응모하여 데뷔의 기회를 잡는 경우도 많아지고 있습니다.

이렇게 일하다 실적을 인정받으면 시리즈의 각 화를 담당하게 되고, 최종적으로 각본가가 됩니다. 각본가는 원작자와 마찬가지로 법률상 인정받은 저작권자가 되므로(각본이 오리지널이라면 원작권도 얻을 수 있습니다) 애니메이션 업무 중 가장 수입이 많아질 가능성이 있는 직종이기도 합니다. 그런 사정도 있고 해서 각본가로서 성장하면 프리랜서를 지향하게 됩니다.

연출 계열

- **설정제작**…… 작품 세계관 개발, 각종 설정 및 관련 자료 등을 발주·관리하고, 작품의 연출을 돕는다.
- **연출**…… 감독의 연출 의도에 따라 기술과 효과를 구사하고, 감독과 연출 스스로가 그린 그림 콘티(최근에는 스케줄 관계로 제삼자가 그리는 경우가 많다)를 실제 화면으로 만드는 책임자. TV 시리즈에서는 각 화 책임 담당자가 된다.
- **감독**…… 애니메이션 작품의 최종 완성도와 작품성을 책임지는 자리. 디렉터라는 이름대로 작품의 방향성을 지시하는 역할. 기획 초기 단계부터 작품의 시나리오나 콘티 작성에 관여하여 완성형을 이미지해서 각 부서의 책임자에게 이를 전달한다. 또 그것을 실현할 연출 지시를 내리고, 완성된 것을 확인하며 수정(리테이크)을 명령한다.

거의 모든 과정을 체크해야 하므로 업무량이 방대하고, 신속한 결단력이 필요하다.

연출, 감독을 지망하여 입사한 사람은 제작진행 다음으로 설정 제작을 맡는데 바로 연출이나 조감독이 되는 사람도 있습니다. 보통 감독으로 가는 길은 제작진행부터 시작하는 경우가 많지만, 작화 감독에서 감독이 되는 사람도 많고, 때로는 미술이나 촬영에서 감독이 되는 사람도 있습니다. 최근 많은 것이 CG 출신 감독입니다. 이쪽은 직접 그리는 셀 애니메이션과 제작 과정이 상당히 달라서 경력도 다릅니다.

애니메이션 스튜디오(전문직)

지금부터 소개하는 직종들은 같은 애니메이션 스튜디오에서도 처음부터 배속 부서가 정해져 있는 전문성 높은 직종입니다. 다르게 표현하자면 자신의 '목적지'를 정한 사람을 위한 업무입니다.

전문직 계열은 로봇을 그리고 싶다, 감동적인 배경을 그리고 싶다, 최첨단 CG 애니메이션에 도전해 보고 싶다 등 자신의 기술을 갈고닦기 위한 직종입니다.

전문직 계열에 취업하기 위해서는 입사 때 회사가 원하는 기술을 습득해야 합니다. 애니메이터나 미술이라면 데생력, CG나 이펙트, 촬영이라면 컴퓨터와 프로그램 기본 조작은 필수로 배워 둬야 합니다.

애니메이션 스튜디오(전문직) 커리어 업

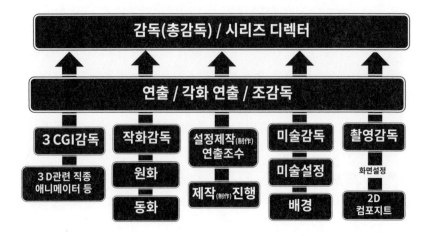

작화 계열

- **동화**……원화의 선을 따서 사이사이에 움직임을 넣는 작업(in-between=나카와리). 영상이 되는 최종 묘사를 완성한다.
- **동화 검수**……동화의 퀄리티를 확인한다. 그림이 정확한가, 화면의 움직임이 제대로 그려졌는지를 검사하고 수정하여 채색 담당에게 넘길지 확인하는 작업. 사전에 동화의 난이도를 고려하여 누가 담당할지(국내, 해외, 베테랑)도 결정한다.
- **동화 팀장**……동화 부문을 총괄하고, 동화 작업을 분담한다.
- **원화**……그림 콘티를 토대로 연출에게 지시를 받으면서 레이아웃을 작성하고, 움직임의 키가 되는 그림=원화를 그린다. 최근에는 제작 스케줄이 촉박해서 하나의 파트였던 레이아웃과 원화를 제1원화

('앵글' '카메라워크' '위치'를 그리는 작업), 제2원화(연기를 그리는 작업)로 나눠서 작업하는 경우가 많아지고 있다.

- **작화 감독**……캐릭터의 동작과 표정, 몸짓 등에 일관성을 주고, 그에 따라 애니메이터에게 연기 지도를 한다. 또 작품 내의 그림체(특히 캐릭터)의 통일이나 퀄리티를 확보하기 위해 원화에게 지시를 내리고, 제출된 그림을 수정한다.
- **캐릭터 디자인/메커니컬 디자인**……기획이나 작품의 등장인물 설정에 따라 디자인을 개발한다.

전문학교나 미술대학, 일반 고교나 대학교를 졸업하고 작화직의 실기 시험을 통과하면 스튜디오에서 연수를 받습니다. 그 후에 동화 담당이 되는데, 매달 일정한 장수(300장~600장)의 동화를 그릴 수 있게 되면 원화가로 진급하는 시험을 치고(없는 경우도 있습니다), 통과하면 원화가가 됩니다. 동화 전문가가 되려는 사람은 동화 검수 담당으로 진급하고, 나아가 동화 팀장이 됩니다.

동화를 거쳐 원화에서 작화 감독이 되는 길이 작화 부문의 최고 커리어지만, 감독이 되는 길도 있습니다(미야자키 하야오 감독을 대표적인 예로 하여 애니메이터 출신 감독이 많다). 작화 감독이 될 원화가는 그림을 잘 그려야 함은 물론이고, 작업 속도도 중요합니다. 흔히 말하는 '빠른 손놀림'을 애니메이터의 중요한 재능으로 봅니다. 또 많은 작품에서 작화 감독이 캐릭터 디자인까지 맡기도 합니다. 작화 감독이 될 자질이 있다면 감독까지 금방이지만, 감독보다도 그림에 전념하고 싶은 사람도 많고, 작화 감독이 모두 애니메이션 감독이 되는 것은 아닙니다.

캐릭터 디자인의 경력 향상에는 조금 특수한 측면이 있습니다.

작화 감독이 담당할 때가 많은데, 만화가나 일러스트레이터, 때로는 인터넷에서 활동하는 아마추어를 기용하는 경우도 흔합니다.

　애니메이터는 5장에서 언급했듯이 1970년대부터 프리랜서(제작위탁)로 일하는 사람이 많아졌습니다. 당시의 사회 통념에 비추어 보면 불안정한 신분이기는 하나, 시대가 지나면서 사회적으로 프리랜서라는 직분도 흔해졌습니다. 애니메이터도 회사라는 울타리를 뛰어넘어서 일하고 싶다는 요망이 강해지면서 본인이 희망하는 업무를 편하게 볼 수 있는 프리랜서가 최종 목표가 되었습니다.

색채 계열

- **채색**……스캔하여 컴퓨터에 데이터화한 동화 라인을 수정하고, 색 지정에 따라 동화를 채색하며 촬영 소재로 만드는 마무리 작업. 2000년대 이전에는 셀 시트의 뒷면에 애니메이션 전용 물감을 썼지만, 점차 컴퓨터 프로그램으로 작업하게 되었다.
- **색 지정·검수**……색채 설계에 따라 컷마다 캐릭터 색깔을 지정하고 채색이 잘못되지 않았는지 자세히 검사한다. 특정 화수에만 등장하는 장면이나 캐릭터, 엑스트라 등의 색채 설계를 할 때도 있다.
- **색채 설계**……애니메이션 제작에 사용하는 색깔의 총 책임자. 메인 캐릭터, 기계, 서브 캐릭터, 소품 등 배경과의 균형을 생각하면서 전체 밸런스를 맞추며 색채를 지정한다.

　색채는 수작업이었던 무렵부터 여성이 많은 직종이었는데 지금도 변함이 없습니다. 스튜디오에 들어와서 채색 요원으로 경험을 쌓고, 실력을 인정받으면 색 지정·검수로 올라갑니다. 처음부터 컴퓨터를 활용하는 업무라서 촬영이나 효과, CG 프로그램을 습득하여 그쪽 영역으로 옮기는 경우도 종종 있습니다. 그리고 색 지정·검수를 거쳐 최종적으로 색채 설계 담당이 됩니다.

회사마다 다르지만 채색은 성과제, 그다음인 색 지정·검수와 채색 설계가 되면 계약사원이나 정사원이 되는데 극장 애니메이션의 색채 설정을 담당할 정도가 되면 프리랜서로 활약하는 사람이 많아집니다.

미술 계열

- **배경**······미술 보드·레이아웃을 토대로 컷마다 배경을 그린다. 채색과 마찬가지로 2000년대 이후에 컴퓨터 시스템이 도입되어 프로그램과 태블릿을 사용하게 되었다. 배경 데이터를 축적하게 되면서 가끔 이전에 작성한 자료를 새롭게 각색해서 쓰기도 한다.
- **미술설정**······작품의 세계관을 만들고 작품의 무대, 중요 도구 등 설정을 설계. 거리, 공원, 건물, 비품 등을 다양한 각도로 그린다. 동시에 미술 보드를 그리고 작품의 색채 톤을 정하기도 한다.
- **미술감독**······캐릭터나 기계를 제외한 작품 배경의 세계관을 개발 및 디자인하고 감독 및 각 부서와 연계하여 색채, 표현 기술, 작품 이미지를 만드는 책임자. 배경 퀄리티를 관리한다.
- **3DCGBG**······CG로 미술 배경(BG=백그라운드) 제작. 레이아웃과 카메라 워크 지시에 따라 CG로 배경을 꾸민다.

미술 대학이나 전문학교를 졸업하고, 애니메이션 스튜디오의 배경 부문이나 미술 스튜디오에 입사하여 연수를 거쳐 배경 담당이 되고, 거기서 실력을 인정받으면 미술 설정, 최종적으로 미술 감독이 됩니다. 대부분 미술 스튜디오는 정사원 제도를 취합니다. 애니메이션 회사에서는 드물게 출퇴근 시간을 관리하는 회사도 있습니다.

3DCG를 맡게 되려면 루트가 전혀 다릅니다. 미대나 전문학교에서 3D 그래픽 프로그램을 배우고 애니메이션 스튜디오나 혹은 CG 스튜디오에 입사하는 경우도 많아지는 추세입니다. 3DCG 스튜디오도 계약 혹은 정직원으로 채용하는 경우가 대부분입니다.

미술, 배경 스튜디오

미술, 배경	스튜디오 유니, 스튜디오 잭, 프로덕션 아이, 아틀리에 로크07, 디자인오피스 메카맨, 무쿠오 스튜디오, 스튜디오 아쿠아, 바쿠 프로덕션, Studio Wyeth, 이시가키 프로덕션, 스튜디오 후가, 구사나기, 비호우, 스튜디오 튤립, 아니메공방 바사라, STUDIO EASTER, GREEN, 아틀리에무사, 스튜디오 호마레, 스튜디오 카논, 문플라워, 스튜디오MAO, 스튜디오 파인우드, Bamboo, 헤드워커스, 토토냥, 오구라코보, 펄서디자인, 아틀리에 Platz, 스튜디오 포녹 등

CG 계열

- **모델 디자인**……모델링을 할 때 정면·배경·측면의 개체 및 상품의 설계도가 필요한 경우에 대응한다. 캐릭터 디자인의 질감 보정 등도 맡는다.
- **모델링**……캐릭터 디자인 등을 토대로 캐릭터, 소도구, 기계, 배경 등을 만드는 작업. 만들 대상의 입체적인 형태나 내부 구조, 질감 등을 정확하게 파악하고 표현하는 실력을 요구한다.

- **UV맵핑**······모델에 텍스처를 입힐 때 3D 모델의 3차원 정보를 2차원 좌표에 전개한다.

- **텍스처**······3D 그래픽 모델의 질감, 무늬, 굴곡을 표현할 때 사용할 이미지나 데이터를 만든다. 색채 설정이나 배경 담당이 맡을 때도 많다.

- **리깅**······완성된 3D 그래픽 모델에 움직임을 주기 위해 골격을 넣듯이 설정을 세팅하는 과정. 다른 말로는 셋업이라고도 부른다. 3D 그래픽 모델과 뼈대(골격)를 연동시킨 스캐닝이나 IK/FK(골격을 제어하는 기술)를 설정. 웨이트값 조절, 디포메이션(3D 그래픽 모델을 변형시키는 기술) 설정 등을 포함한다. 애니메이터가 조작할 컨트롤러를 만들 때도 있다.

- **3D 애니메이션**······그림 콘티를 토대로 카메라와 배경 등 대상을 배치한 레이아웃을 만들고, 그 안에 모델이 연기하게 한다.

- **레터링**······3차원 CG 공간 내에 배치된 모델, 빛, 카메라 등의 정보를 토대로 계산해서 2차원 CG를 생성한다.

- **모션 캡처**······실제로 인간이나 동물의 움직임을 전용 기구로 정보를 입력하여 CG 캐릭터로 재현한다. 사실적인 움직임을 표현하고 싶을 때 효과적. 또 애니메이션 제작의 간소화, 효율화에도 효과를 발휘한다. 또한 캡처한 데이터는 그대로 사용하는 게 아니라 노이즈 제거나 캐릭터에 맞게 조절해야 한다. 다만 이 기법이 메인인 표현은 현재로서는 아카데미상의 대상이 될 수 없다.

- **엔지니어**······새로운 영상 표현, 개발 환경 향상을 위한 소프트웨어·플러그인 개발을 담당한다. 동시에 시스템 관리자나 소프트웨어 엔지니어 등, 엔지니어링 관련 직종을 총칭하기도 한다.

- **이펙트**······셀 애니메이션의 이펙트와 마찬가지로 작품의 분위기를

고조시키고 현실성을 주는 목적으로 영상에 들어가는 폭발, 불, 액체, 부서진 물체의 파편, 발광 등을 만든다. 실제 자연 현상뿐만 아니라 만화 효과 같은 집중선, 마법소녀가 뿜는 빛, 용이 뿜는 화염 등도 포함한다. 이펙트의 표현 방법은 다양하기 때문에 3D 공간 내에서 유체 시뮬레이션을 통해 계산하기도 하고 2D 작화로 표현하기도 한다.

- **특수 효과 감독**……작품의 효과적인 이펙트를 개발하고, 컷마다 특수효과를 관리·감독한다.
- **CG 감독**……기본적으로 셀 애니메이션 감독과 마찬가지다. 그래픽 영상 작품이나 게임 주제, 방향성을 정하고 구체적인 연출안을 스태프에게 전해서 제작 전체를 총괄하는 역할. 보통 스스로 CG 제작을 하지는 않는다. 스태프에게 최종적인 이미지를 전하고 실현하게끔 설명하는 커뮤니케이션 능력과 리더십이 필요하다.

CG 계열 업무는 소프트웨어를 다루어야 하므로 전문학교나 미술, 미디어 계통 대학, 학부에서 기술을 미리 습득하여 스튜디오에 입사하는 경우가 대부분입니다. 미술 계열에서 설명했듯이 CG 계열 회사는 IT 계열에 속하기도 해서 비교적 고용 제도가 잘 갖추어져 있습니다.

CG 스튜디오

CG	폴리곤 픽처스, 디지털 프론티어, 그라피니카, 산지겐, EXA 인터내셔널, 캡슐, 디지털미디어 라보, 신풍동화, 가나반 그래픽스, 단델리온 애니메이션 스튜디오, 사이클론 그래픽스, ILCA, 루센트 픽처스, 오렌지, 타이푼 그래픽스, studio A-CAT, TMS JINNI'S 등

촬영 계열

- **2D 컴포지트**……애니메이션 제작이 디지털화되기 이전에는 촬영 대 위에 배경 그림을 놓고 그 위에 캐릭터 등이 그려진 셀을 여러 장 겹쳐서 16mm/35mm 촬영기로 한 컷씩 타이밍시트에 맞춰 움직이면서 촬영했었다. 그 습관으로 애니메이션 업계에서는 컴포지트 과정(3DCG, 2D 작화, 실사 영화 등의 각종 소재를 합성=컴포지트하는 것)을 촬영이라고 부른다. 애니메이션 제작이 디지털화된 이후로 촬영 업무에 큰 변화가 생기며 After Effects를 사용한 컴포지트(합성)가 주류가 되었다.
- **화면 설계**……2D 컴포지트의 다음 단계(독립된 직무는 아니다). 컷마다 합성 데이터를 화면상에 배치하고 거기에 촬영 효과를 추가하여 작품의 퀄리티를 올리는 작업.
- **촬영 감독**……컴포지트 워크=촬영 과정을 총괄하는 책임자. 전체적인 조정, 화면에 통일감을 만드는 역할.

　과거에 아날로그 카메라로 촬영했을 시절에는 촬영 담당으로 경험자를 우대했습니다. 그래서 촬영 전문가로 독립하려면 몇 년이나 걸렸지만, 컴퓨터 시대가 되면서 문턱이 상당히 낮아졌고 After Effects를 습득하면 일할 수 있는 직종이 되었습니다.

　물론 촬영가로서 센스가 필요하지만, After Effects는 전문학교나 미대, 미디어 대학, 또는 독학으로 배울 수 있으므로 비교적 쉽게 기술을 익힙니다. 촬영 스튜디오는 편집 등을 함께 하는 이른바 포스트 프로덕션의 기능을 가진 회사가 많고, 기본적으로 직원을 고용합니다.

애니메이션 스튜디오 외

지금까지 소개해 온 촬영까지는 애니메이션 스튜디오 내에서 할 수 있는 과정이지만, 여기서부터는 외부 전문 회사가 아니면 할 수 없는 업무를 소개하겠습니다.

그러므로 이제 소개하는 분야의 일을 하고 싶다면 애니메이션 스튜디오가 아니라 그와 관련된 전문 회사에 입사해야 합니다. 영상 편집이라면 이른바 포스트 프로덕션이라고 불리는 편집 스튜디오, 애니메이션의 종합적인 소리에 관련된 일을 하고 싶다면 음향 회사, 음악이면 레코드 회사에 들어갑니다.

이러한 직업은 대부분 정사원으로 고용되는 형태를 취하지만, 성우와 배우는 기획사에 소속되지만 원칙상 자영업(프리랜서)입니다.

편집 계열

- **편집 어시스턴트(조수)**······편집이란 숏(컷)을 이어서 영상을 완성하는 과정을 말한다. 어시스턴트는 편집 전후 준비나 서포트, 감독이나 편집 담당의 지시에 따라 편집 기재를 관리한다.

- **편집(커팅)**······촬영된 영상을 그림 콘티에 따라 연결하고 연출 의도에 맞춰서 움직임을 편집하는 담당자. 같은 숏을 사용해도 연결 방법이나 쉼표 삽입으로 시청자의 인상이 크게 달라지므로 연출 의도에 맞는 편집 실력이 필요하다. 정해진 방송 포맷 시간에 맞추는

스튜디오 외 애니메이션 제작 관련직 커리어 업

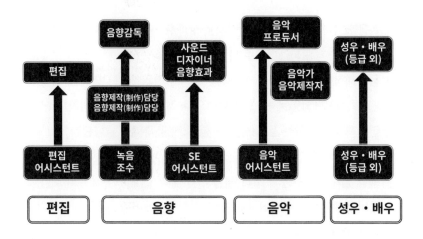

것 외에도 영상과 음악, 효과음, 대사를 맞추는 작업도 필요하다. 촬영 소재가 디지털화된 후에는 커팅으로 부를 때가 많아졌다.

편집자는 편집 어시스턴트부터 시작합니다. 프로용 편집기나 소프트웨어는 특수하고 값비싼 것이 많아서 설비가 갖춰진 전문학교에서 배운 후 편집 스튜디오가 있는 포스트 프로덕션에 입사하는 사람이 늘고 있습니다.

그곳에서 편집 어시스턴트의 경험을 쌓아서 편집가가 되는데, 실사를 맡는 사람이 담당할 때도 있습니다. 베테랑이 되면 독립, 또는 회사를 설립하기도 합니다.

음향 계열

- **녹음 조수**⋯⋯음향 감독의 지시를 토대로 스튜디오에서 애프터 레
  코딩 수록 때 오퍼레이터로 음원을 관리한다.
- **음향제작담당/책임자**⋯⋯음향을 맡은 인원의 매니지먼트를 담당.
  음향 감독의 의향을 듣고, 스튜디오나 엔지니어뿐만 아니라 성우,
  연기자도 확보하는 등 음향에 관한 스케줄 관리를 담당한다(보좌로
  존재하는 역할이 책임자).
- **음향 감독**⋯⋯작품의 소리 책임자. 감독과 연계하여 성우 캐스팅,
  음악·효과음을 발주한다. 애프터 레코딩에서는 성우, 배우에게 연기
  를 지도하고 대사, 효과음, 음악을 믹스하여 음원을 제작한다.
- **SE어시스턴트**⋯⋯SE란 대사와 음악 외의 효과음을 말한다. 어시스
  턴트는 필요한 음원을 조달, 관리한다.
- **사운드 디자이너/음향 효과**⋯⋯작품의 장면에 필요한 음향 효과를
  만든다. 폴리(Foley)라는 생활음, 심리 상태를 나타내는 소리, 환경음
  등 작품의 청각 연출을 담당한다.

　녹음 조수는 전문 기재를 다뤄야 하므로 전문학교 졸업 후 음향·
편집 관련, 이른바 포스트 프로덕션 기업이나 음향 회사에 취직해
경력을 쌓아 음향 제작 담당자나 책임자가 되는데, 음향 감독이 되
기까지 이력이 다양합니다.
　녹음 조수에서 감독이 되는 사람도 있지만, 연극이나 음악 디렉
터 출신, 애니메이션 감독이나 성우(주로 애프터 레코딩 연출)가 겸하는
경우도 종종 있습니다. SE어시스턴트는 특별한 기술이 없어도 음
악에 흥미가 있으면 지망할 수 있습니다.

음향, SE 스튜디오

음향, 음향효과	TAVAC, 도호쿠신샤, 옴니버스 프로모션, 아츠프로, 도쿄연극음향연구소, 라쿠온샤, DAX프로덕션, 매직 캡슐, 스튜디오 마우스, HALF H·P STUDIO, 진난 스튜디오, 테크노사운드, 드림포스, 사운드박스, 츄라사운드, AUDIO PLANNING U, 잭 프로모션, 프로센 스튜디오, 스와라·프로, 아쿠아톤, AQC, 카논소속, 글로비전, 그루브, Cloud22, 사운드팀·돈주앙, 카나데, Crooz, 비라인, AZ크리에이티브, 트리니티사운드, 브레이브하츠, 스튜디오 보이스, 마일스톤음악출판, APU MEGURO STUDIO, 피즈사운드 크리에이션, 산온쿄 등

음악 계열

- **음악 어시스턴트**……작품의 음악 전반에 관여하는 어시스턴트.
- **음악 프로듀서**……작품의 주제가, 엔딩곡, 배경 음악 제작 책임자. 예산·스케줄 관리, 배경음악 작곡가·제작자나 주제가 악곡·가수를 선임한다. 제작위원회에 참가한 비디오 회사나 레코드 회사의 A&R맨이 담당한다. 음악 프로듀서 외에도 훨씬 전문적으로 작곡가나 음악 제작자, 가수에게 지시하는 음악 디렉터를 배치하기도 한다.

음악 쪽 경력을 쌓으려면 애니메이션과 다른 루트로 가야 합니다. 애니메이션 스튜디오에서는 음악을 제작하지 않으므로 만약 애니메이션 관련 음악 제작을 희망한다면 기본적으로 프리랜서 뮤지션이 되든지 해야 하며 프로듀서 지망이라면 음악 제작 회사나 레코드 회사에 취직해야 합니다.

음악 제작사

음악	니혼 컬럼비아, 포니캐년, VAP사, 킹 레코드, 란티스, 빅터 엔터테인먼트, 플라잉독, 애니플렉스, 소니 뮤직, NBC유니버설 엔터테인먼트, 마린 엔터테인먼트, EVIL LINE RECORDS, 워너 브라더스 재팬, 도쿠마 재팬 커뮤니케이션즈, TOHO animation RECORDS, 에이벡스, 5pb, 쇼가쿠칸 뮤직&디지털 엔터테인먼트, 마벨러스, ZIZZ STUDIO, Elements Garden, 후지퍼시픽뮤직, 니치온, 닛폰 텔레비전 음악, TV아사히뮤직, IRMA LA DOUCE, 엑시트튠즈, A-Sketch, IAM뮤직, SPACEY MUSIC ENTERTAINMENT, MONACA, 부시로드뮤직 등

성우

• **성우**……일본에서 독특하게 활성화된 직종으로 해외에서는 배우 영역의 하나로 인식하는 경우가 대부분이다. 지금은 성우가 되고 싶은 젊은이들이 일본에 공부하러 오기도 한다.

성우 지망생은 상당히 많아서 경쟁이 격렬합니다. 보통은 고등학교 졸업 후 성우 기획사의 소속 양성소에 2년간 다니고(대학교에 다니면서 배우는 학생도 있습니다) 경우에 따라서는 전문 과정을 1~2년 더 다닌 뒤 선발 시험에 합격하여 소속하게 됩니다. 그렇다고 해도 처음에는 '연습생' '준소속'이라는 단계를 거쳐야 하는 양성소도 많습니다.

애니메이터는 학력 등 경력과 일절 관계 없이 시험에서 능력과 기술을 인정받으면 채용하는데 성우는 최소한 성우 소속사의 양성소를 거쳐야만 출발선에 설 수 있습니다.

하지만 소속 성우가 되어도 매달 정해진 급여를 받지 못하며 일거리가 없으면 수입도 없습니다. 기능, 기술 습득에 드는 비용도 전부 자기 부담, 그리고 수입은 완전히 성과제입니다. 이것은 애니메이션 업계라기보다 연예인 시스템인데 어떻게 보면 성우가 앞서 설명한 동화 담당보다 더 혹독한 업계라고 말해야 할지도 모릅니다.

그러한 혹독한 환경을 헤쳐 나오면 정식으로 성우로 데뷔합니다. 성우 업계는 수입 체계가 꽤 간단명료합니다. 바로 일본배우연합(통칭 일배연)이 정한 보수 등급입니다. 15(1만 5,000엔)부터 45(4만 5,000엔)까지 등급이 있는데 신입은 일률적으로 한 편에 1만 5,000엔을 받습니다. 점차 등급이 올라가면서 유명 성우나 인기 배우가 되면 등급에 좌우되지 않는 거액을 받고 출연할 수 있게 됩니다. 그러므로 성우가 지향하는 최종 커리어는 등급에서 벗어나는 존재가 되는 것이지만, 반대로 보수가 너무 높아지면 일거리가 없어질 우려도 있습니다.

일본 성우의 수입은 가령 등급에서 벗어나는 존재가 되어도 미국에 비하면 발끝에도 미치지 못합니다. 이미 10년도 지난 이야기지만, 미국의 국민적 애니메이션이라고 불리는 「심슨」의 주역 캐릭터가 1화에 40만 달러를 받는다고 발표된 적이 있습니다.

1년도, 한 시리즈도 아닌 1화입니다. 엔으로 환산하면 4,400만 엔! 일본이라면 애니메이션을 2~3작품을 만들 수 있는 어마어마한 금액입니다! 미국은 일본과 달리 작품이 성공하면 제작비와 출연자의 개런티도 오릅니다. 어떻게 보면 당연한 얘기지만, 만약 일본도 미국과 같은 시스템이었다면 「사자에상」의 출연자는 지금쯤 억만장자가 되어 있을지도 모릅니다.

어쨌거나 애니메이션을 막론하고 일본 엔터테인먼트 전체를 보아도 스태프와 출연진의 보수는 결코 높지 않습니다. 할리우드는 물론이고 지금은 중국이나 한국보다도 못한 실정입니다. 윗물의 보수가 오르지 않으면 아랫물도 마찬가지입니다. 역시 성우도 다작 지향인 일본 애니메이션의 좋은 영향도 나쁜 영향도 전부 받아 버린 듯합니다.

성우 기획사

성우	아오니 프로덕션, 테아트르 에코, 극단 히마와리, 81프로듀스, 시그마세븐, 아트비전, 극단 하이유자, 도쿄배우생활협동조합, 프로덕션 바오밥, 마우스프로모션, 켄프로덕션, 프로덕션 탕크, 무브망, 크레이지박스, 오기프로, THE NEXT, 압트프로, 크로커다일, 프로덕션 에이스, 아임엔터프라이즈, 스타다스21, 일본 나레이션 연기연구소, IAM 에이전시, 긴프로덕션, 켄유오피스, 애슬리드 컴퍼니, 스펠바운드, 극단 세이넨자, 오피스 오사와, B-Box, 프로덕션★A구미, RME, 켓케 코퍼레이션, 아토믹몽키, 어크로스 엔터테인먼트, VIMS, 고쿠, 사에바쇼지, 히비키, JTB엔터테인먼트, 인텐션, 액셀원, 트루바두르 음악사무소 등

애니메이션 계열 제작사 커리어 업

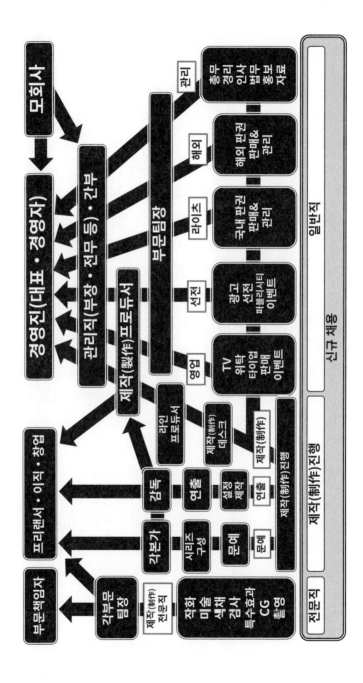

제작(製作)·유통

애니메이션 계통 제작(製作)회사(제작 기능 있음)

제작회사에는 크게 두 가지 계통이 있습니다. 하나는 실제로 작품을 제작하는 스튜디오를 두는 애니메이션 전문 제작사, 또 하나는 영화나 방송, 비디오 유통 등을 본업으로 하면서 애니메이션을 프로듀스하는 유통 계열 회사입니다. 먼저 제작사는 처음부터 끝까지 작품 위주지만, 유통 계열은 자신들의 유통망을 최대한 살리는 '팔리는 것' 위주입니다. 이 두 회사는 본업이 다르므로 회사의 분위기도 상당히 다릅니다.

애니메이션 전문 제작사는 그리 많지 않습니다. 규모의 차이는 있지만, 제작 기능을 겸비하는 회사는 열 군데 정도일까요?

앞에서도 살펴봤듯이 기획부터 운용·회수까지 직접 진행하는 제작·프로듀스 작업을 하려면 기업력이 필요합니다.

이에 해당하는 곳은 애니메이션 스튜디오 중에서 매출 1위인 도에이 애니메이션, 2위인 선라이즈/반다이남코 픽처스, 3위 TMS 엔터테인먼트와 그 뒤를 잇는 상장기업인 프로덕션 I.G, 이마지카 로봇의 산하에 들어간 OLM, 피에로 등인데, 이러한 상위 회사들과 그 외의 다른 기업들 사이에는 규모차가 상당합니다(과거에는 스튜디오 지브리도 상위였지만).

전문직/작화, 미술, 색채, 특수효과, CG, 촬영 등……
제작(制作) 항목과 마찬가지.

제작(製作) 회사가 스튜디오보다 정기 채용하는 곳이 많습니다(작화나 CG처럼 수요가 많은 직종은 거의 항시 모집합니다). 또 전문직이므로 중도 채용도 빈번합니다. 전문직의 커리어 업도 제작 계열과 거의 비슷하지만, 규모가 큰 제작사에서는 연출, 감독 코스에서 제작(製作) 계열로 전환할 가능성이 있습니다. 기업 규모가 크면 선택지도 많아서 그렇겠지만, 실제로 도에이 애니메이션 등에서는 프로듀서가 되는 감독도 있습니다.

제작진행 계열/제작(製作), 문예, 연출……
제작(制作) 항목과 마찬가지.

앞에 설명한 제작(制作)과 한 가지 다른 점은 커리어 업이 제작 프로듀서로 설정된다는 것입니다. 애니메이션을 만들 뿐만 아니라 기획부터 자금 회수, 분배까지 모든 책임을 지는 입장이 됩니다.

여기서 프로듀서에 관해 설명하겠습니다. 최근에 엔딩 크레디트를 보면 작품에 참여한 애니메이터의 이름을 많이 볼 수 있는 동시에 프로듀서의 이름도 대폭 늘어났습니다. 예전에는 '기획' '제작(製作)/제작(制作)' '프로듀서'밖에 없었는데 지금은 10종류가 넘는 직무가 있습니다.

프로듀서 계열 크레디트

❶**기획**······작품 탄생의 계기를 만드는 인물. 제작사의 경영자나 각 부문의 장이 맡을 때가 많다.

❷**제작 총지휘**······'초대작'이라고 내거는 작품에서 사용되는 경우가 많다. 거액의 자금을 모은 카리스마 경영자였던 가도카와 하루키나 도쿠마 야스요시, 조지 루카스, 존 라세터, 스필버그 등 저명한 감독이 맡는데 오다 에이이치로처럼 원작자가 담당할 때도 있다. 거액의 제작비를 들인 기대감이 큰 작품에 '대작 냄새'를 풍겨서 홍보 효과를 내려는 의도도 있다.

❸**이그젝티브 프로듀서**······제작 총지휘의 의미로 쓰이기도 하지만 원래는 자금 모집에 공헌하고 프로듀서에게 다양한 조언을 하는 역할.

❹**프로듀서**······작품 책임자. 최근에는 제작위원회에 참가하는 각 회사의 대표도 이름을 올리게 되었지만, 실질적인 프로듀서는 주관사의 담당자.

❺**제작(製作)**······❹와 같음.

❻**협력 프로듀서**······프로듀서를 보조하는 입장.

❼**어시스턴트 프로듀서**······❻과 거의 비슷하다.

❽**마케팅 프로듀서**······마케팅 총괄.

❾**애니메이션 프로듀서**······제작 현장 책임자.

❿**라인 프로듀서**······애니메이션 프로듀서의 등용문.

⓫**제작 책임자**······모든 제작 스케줄을 관리하는 입장. 라인 프로듀서의 전 단계 직무.

⓬**제작진행**······TV 시리즈라면 각화의 진행을 담당한다. 프로듀서가

되기 위한 첫 단계.

일반직 계열/영업, 마케팅, 라이츠, 해외, 관리

제작사와 스튜디오를 나누는 큰 요인이 영업, 마케팅, 판권, 해외 등의 비즈니스입니다. 이러한 부서는 운용을 관리하는 프로듀서의 실전 부대입니다. 애니메이션을 만들 뿐만 아니라 그 권리를 가지고 운용하는 비즈니스 능력이 제작 스튜디오와 다른 점입니다. 비즈니스의 최전선에서 일하는 그들이 실제로 어떤 일을 하는지 제작 스튜디오에는 없는 기능을 소개합니다.

- **영업**……자사의 애니메이션을 테마로 돈이 되는 사업의 기회를 적극적으로 만드는 역할. 자사의 어린이·가족용 작품을 방송국이나 광고대행사, 스폰서 등에게 마케팅한다. 스케줄이나 제작비, 스폰서의 의향(캐릭터 상품화 등)을 놓고 자사의 제작 현장과 방송국·대행사를 중심으로 의견을 조정한다. 반대로 그러한 회사들로부터 제작 의뢰를 받고 자사의 애니메이션 작품을 방송국 등에 판매하는 등 업무 내용이 다양하다. 또 광고나 PR, 게임이나 유흥에서 애니메이션 영상을 이용하도록 추진하거나 기업과 제휴하여 이벤트나 영상 제작, 캐릭터 상품의 제조 및 판매, 심지어 인형 탈(키구루미) 쇼부터 콘서트, 2.5차원 뮤지컬 등 행사와 그에 따르는 상품 판매 사업도 담당한다.
- **마케팅**……작품의 가치를 높이는 역할. 얼마나 작품의 존재를 널리 알리는가, 정해진 예산과 스케줄 속에서 조금이라도 많은 사람에게 작품의 매력을 전하기 위해 작품의 보도 자료부터 일반 광고나 선

전, 퍼블리시티(돈을 들이지 않고, 작품을 미디어로 알리는 것), 홍보를 위한 이벤트 등을 기획, 실시한다. 작품의 특성을 고려하여 수법에 변화를 주는 능력이 있어야 한다.

- **라이츠**……작품 이용과 캐릭터 상품의 상품화권을 완구 회사 등에 라이선스(인허)하는 역할. 특히 어린이·가족용 작품에서는 캐릭터 라이선스가 비즈니스에서 중요하다. 작품 이용권을 주는 측인 라이선서(실시허락자)와 받는 측인 라이선시(실시권자) 사이에서는 그 이용에 관한 로열티(이용 이율)나 MG(미니멈 개런티/최저 보증금), 계약 기간, 해외라면 영역(나라나 지역)을 협상한다. 라이츠 담당자는 상표(브랜드 등록)나 저작권 지식, 해외와 협상에 사용할 영어 능력이 필요하므로 전문화되는 경우가 많다.

- **해외**……해외에 애니메이션을 파는 역할. 어학 능력은 필수다. 구체적으로는 TV 방영권, 영화 상영권, 인터넷 전송권, 비디오화권, 상품화권, 무대·뮤지컬화권 등을 해외에 판매한다. 다만 최근에는 인터넷 미디어의 글로벌화로 TV 방영권이나 송출권을 나라·언어권 단위로 계약하지 않고, 중국 대형 인터넷 사이트 몇 군데, 그 외에는 넷플릭스나 아마존에 판매하고 끝내는 경우가 흔하다.

- **아카이브**……앞으로 비즈니스로 주목되는 역할. 작품 자체에서 원화나 미술 제작 소재, 상품화된 비디오나 상품 등 작품에 관련된 모든 데이터나 실물을 정리하고 보관한다. 단순 작업이지만 시간이 지나 기념 이벤트나 원화전, 잡지 등을 제작할 때 큰 힘이 된다. 아직 미개발된 분야지만, 가능성은 상당히 높다.

전문직이나 제작진행으로 입사하면 제작 스튜디오와 거의 비슷한 경력을 쌓게 됩니다. 일반직으로 입사한 스태프는 기본적으로 어느 직무를 맡게 될지 실제로 배속되기 전까지 모릅니다. 입사하는 즉시 배속 부서가 정해질 때도 있지만 연수 기간 동안에 적성을 보고 바뀌는 경우도 있습니다.

그리고 일을 시작하고 몇 년이 지나면 많은 회사에서 인사이동을 합니다. 적절한 인물을 배치하거나 다양한 부서에서 경험을 쌓도록 제작현장을 비롯하여 이동을 시킴으로써 목적과 비즈니스 의식을 공유합니다. 최종 커리어는 경영진이 되는 것, 혹은 독립 기업을 차리는 것입니다.

유통 계열 프로듀스 회사

제작위원회의 중심이 되는 주관사 중에서 가장 많은 곳이 유통업계입니다. 방송국이나 비디오 제작사 등인데 이러한 회사는 제

유통 계열 제작사 커리어 업

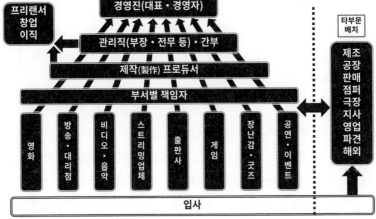

작(製作)회사를 가진 곳도 꽤 많습니다(도에이 애니메이션→도에이, 선라이즈→반다이, TMS 앤터테인먼트→세가사미).

유통 계열에 속한 애니메이션 제작사의 업무 내용은 회사에 따라 규모와 기능에 차이가 있지만 본래의 사업(방송, 상영, 비디오, 출판 등)이 메인이며 애니메이션은 그중 하나의 콘텐츠입니다. 보통 애니메이션 제작사보다 유통 기업 쪽이 규모면에서 큰 기업이 훨씬 많습니다. 방송국, 영화사, 비디오 제작사, 출판사, 완구 회사 등은 애니메이션 제작사보다 규모가 큰 곳입니다.

유통 계열 기업은 전문직이나 기술직으로 나누지만, 대부분 신규 졸업자를 채용합니다. 여기서 가장 큰 포인트는 신입사원이 반드시 희망했던 애니메이션 업무를 할 수 있다는 보장이 없다는 점입니다. 대기업이 많은 유통업계에서 애니메이션은 하나의 사업부에 불과합니다. 본인은 애니메이션 일을 하고 싶어서 미칠 것 같아도 회사 측이 애니메이션이 아니라 점포에서 판매직에 소질이 있는 사람이라고 생각하면 그곳에 배속합니다.

또 전국적인 규모를 자랑하는 회사의 대부분은 우선 신입을 지방 지사나 영업소, 공장으로 보내서 직무를 체험시키려는 의도가 있습니다. 반대로 애니메이션에 전혀 관심도 없는 사람이 애니메이션 부문에 배속되어 영문을 알지 못한 채 애니메이션의 길을 걷는 사람도 있습니다.

애니메이션에서 동떨어진 부서에 배속되었다고 해도 언젠가 반드시 애니메이션 일을 하겠다는 의지를 잃지 않는다면 결국 꿈을 이루는 사람도 많으므로 굴하지 말고 열심히 노력하길 바랍니다. 이것은 지망했던 애니메이션 관련 회사에 들어가지 못하고 전혀 다른 업종에 들어간 사람도 마찬가지입니다. 지금의 체험이 애니메이션 비즈니스에 도움이 될지도 모릅니다. 끝까지 뜻을 잃지 않는 것이 중요합니다.

영화사 계열 ─ 외국 기업이 약진한다

애니메이션과 관계가 깊은 영화사로는 도에이나 도호가 있습니다. 애니메이션에 선견지명이 있었던 도에이는 1951년에 가장 먼저 도에이 동화(현재 도에이 애니메이션)라는 스튜디오를 설립하여 선구자의 이득을 누렸습니다. 그리고 도호는 영화 출자라는 형태로 제작에 참여하였는데 최근 들어서 TOHO animation이라는 브랜드를 설립하여 주관회사로서 적극적인 행보를 보이고 있습니다.

외국 기업인 NBC 유니버설 엔터테인먼트, 워너브라더스 재팬의 움직임도 활발합니다. NBC, 워너도 처음에는 파이오니아 LCD라는 레이저디스크 제조회사의 자회사였습니다. 거기서 NBC로 사명을 바꾸고, 핵심 멤버가 이적해서 세운 회사가 워너브라더스의 애니메이션 부문입니다. 두 회사가 가진 세계적 유통망을 통해서 일본 애니메이션이 세계로 나갈 가능성이 충분합니다. 넷플릭스나 아마존 프라임과는 다른 형태로 세계로 뻗어 나갈 수 있는 셈입니다.

영화 계열 프로듀스 회사

영화사 계열	도호(TOHO animation), 쇼치쿠, 도에이(도에이 애니메이션), NBC 유니버설 엔터테인먼트, 워너브라더스 재팬, 소니 픽처스 등

방송사·광고사 계열——제작위원회 출범 이전 TV 애니메이션의 주도자

일본은 TV 애니메이션 왕국이라서 방송국은 애니메이션과 상당히 관계가 깊습니다. 제작위원회 출범 이전의 TV 애니메이션은 대부분이 방송국의 주도로 만들어졌습니다.

또한, 원래 방송국이나 스폰서, 애니메이션 스튜디오 사이에서 조정 역할을 했던 광고 업체도 자체적으로 애니메이션 전파를 확보하고, 작품을 기획·프로듀스까지 하게 되었습니다.

이러한 TV와 애니메이션의 특수한 관계 때문에 방송국이나 광고 업체의 산하에 있는 프로듀스 회사와 스튜디오가 많아졌습니다.

방송국 및 광고사 계열 프로듀스 회사

방송국 및 광고사 계열	NHK(NHK 엔터테인먼트), 니혼TV(VAP, 매드하우스, 다쓰노코 프로덕션), TBS(세븐 아크스), 후지TV(포니캐넌, 데이비드 프로덕션), TV아사히(ABC애니메이션, 신에이 동화), TV도쿄, 나고야TV, 요미우리TV, 마이니치 방송, 아사히 방송, 간사이TV, 애니맥스/키즈스테이션, AT-X, 아사쓰 DK(NAS, d-rights), 덴쓰, 소쓰, 하쿠호도(요미우리 광고사, 하쿠호도DY뮤직픽처스) 등

비디오·레코드 회사 계열——심야 애니메이션의 주도자

심야 애니메이션의 제작위원회를 맡은 주관사의 대부분은 비디오 회사입니다. 1980년대부터 비디오가 보급되던 시기와 일치하여 비디오 회사는 프로듀스 장르에서도 애니메이션 업계의 중심에 서게 되었습니다.

그러나 시대는 다음 단계로 옮겨가고 있습니다. 앞장에서도 설명했지만, 비디오 회사가 자신들이 가진 프로듀스 능력을 어떻게 다음 세대에 계승할지가 주목됩니다.

비디오 및 레코드 회사 계열 프로듀스 회사

비디오 및 레코드 계열	반다이 비주얼(현 반다이남코 아트), 포니캐년, 킹레코드, VAP, 빅터 엔터테인먼트(플라잉독), 애니플렉스, 도쿠마 재팬 커뮤니케이션즈, 에이벡스(에이벡스 픽처스), 마벨러스, 프론티어 웍스, NBC유니버설 엔터테인먼트, 워너브라더스 재팬, TOHO animation 등

스트리밍 회사 계열——차세대 영상 제작 주도자

애니메이션 유통은 영화→방송→비디오로 변화하고 있고, 다음은 스트리밍입니다. 즉, 다음은 송출 사업자가 애니메이션 제작의 패왕이 될 차례입니다. 일본에서는 현재 넷플릭스처럼 거액을 투자할 수 있는 스트리밍 사업자가 없지만, 앞으로 방송국이나 비디오 회사 다음으로 투자자, 제작자가 될 가능성은 있습니다. 차세대 8K 영상 제작을 고려해봤을 때 일본의 기존 콘텐츠 기업 중 투자할 수 있는 곳은 NHK밖에 없습니다. 그 외에 기술과 자금면에서 차세대 8K 영상에 대응할 곳이라고 하면 IT 기업(스트리밍 부문)이거나 인터넷 기업(혹은 미국처럼 미디어와 콘텐츠 기업이 하나된 수직계열화 종합기업)이 애니메이션을 비롯한 영상 비즈니스의 중심에 서게 될 것이 분명합니다.

스트리밍 계열 프로듀스 회사

스트리밍 계열	드왕고, 넷플릭스, 훌루, 아마존 프라임 등

출판사 계열 — 영상 업계에 뒤늦게 뛰어들긴 했지만?

저의 저서 「디지털이 바꾸는 애니메이션 비즈니스」에서 「우주 소년 아톰」(1963년)부터 발간 당시까지 만화 원작 비율을 조사했더니 무려 60%였습니다. 요컨대 일본의 TV 애니메이션 시리즈의 거의 3분의 2가 만화 원작인 셈입니다. 그러한 사정도 있어서 애니메이션 업계에 만화 출판사의 영향력은 절대적이었습니다.

그런데 어째서인지 출판사는 애니메이션 사업에 그다지 적극적이지 않았습니다. 마블 코믹은 1960년대부터 TV 애니메이션 제작에 적극적이었는데 일본에서는 출판사가 애니메이션에 관여하게 된 건 1980년대 초반에 '가도카와쇼텐'부터고, 역사 깊은 쇼가쿠칸도 1990년대에 들어서부터였습니다. 만약 이른 시기부터 '소년 점프'를 내던 슈에이샤가 마블 코믹처럼 적극적으로 애니메이션을 프로듀스했더라면 아마 일본에서 제일 큰 애니메이션 프로듀스 회사가 되었을지도 모릅니다. 현재는 큰 출판사를 비롯하여 애니메이션 제작에 관여하는 곳이 종종 보입니다. 책 판매량이 떨어지는 현상도 있으니 지금보다 더 적극적으로 힘쓰게 되리라고 추측합니다.

출판사 계열 프로듀스 회사

출판사 계열	고단샤(킹레코드), 슈에이샤(쇼가쿠칸슈에야샤 프로덕션), 쇼가쿠칸(쇼하쿠칸슈에이샤 프로덕션/쇼가쿠칸 뮤직&디지털 엔터테인먼트), KADOKAWA, 어스 스타 엔터테인먼트 등

게임 계열 — 앱 게임이 애니메이션 산업을 바꾼다!

애니메이션과 게임의 관계는 만화와 달리 1980년대에 패밀리 컴퓨터가 탄생한 이후부터이므로 비교적 새롭다고 할 수 있습니다. 하지만 1980년대 후반에 「드래곤 퀘스트」가 애니메이션이 된 후부터 만화 다음으로 유력한 원작으로 보게 되었습니다. 그 정점은 뭐니뭐니해도 「포켓몬스터」겠지요. 이 작품 이후로 애니메이션과 만화의 일체화가 진행되었는데 최근에는 앱 게임에서 이런 현상이 보입니다.

「Fate」 시리즈가 대표하듯이 업계에서는 게임과 애니메이션을 일체화한 콘텐츠로 인식하게 되었고, 앱 게임은 차세대 애니메이션 비즈니스를 짊어진 주요 미디어로서 애니메이션 산업과 기업의 체제를 근본부터 바꿔 나갈 잠재력이 있습니다.

게임 계열 프로듀스 회사

게임 계열	세가사미 홀딩스(TMS 엔터테인먼트), 스퀘어 에닉스, 레벨파이브, GREE, Cygames (CygamesPictures), DMM.com(DMM Pictures), 애니플렉스 등

완구·물류 계열 — 애니메이션이나 게임과 일체화하는 완구

TV 애니메이션이 시작될 무렵부터 완구 회사와 애니메이션은 관계가 깊었습니다. 초반에는 아톰이나 철인 28호와 같은 인기 캐릭터 상품이나 완구를 상품화했었는데, 1970년대에 들어가자 전과는 반대로 완구 회사에서 만든 로봇이나 기계를 팔기 위한 애니메이션을 제작하기 시작했습니다. 초합금 로봇이나 「기동전사 건담」
등이 그러합니다.

　이 비즈니스 모델이 점차 정착하며 현재에 이르게 되는데 그중
에서도 반다이 그룹의 활약이 돋보입니다. 완구 회사에서 지금은
게임, 영상, 음악까지도 취급하는 종합 엔터테인먼트 기업으로 변
신해 가고 있습니다.

　미국에는 마텔, 해즈브로와 같은 2대 완구 회사가 있고 역시나
영상에도 힘을 싣고 있지만, 현재 시점에서는 반다이 그룹의 활약
이 한발 앞서 있습니다. 이대로 규모도 확대되리라 예상하지만, 해
외 활동이 본격화한다면 애니메이션, 만화를 중심으로 일본의 특
성을 가진 국제 엔터테인먼트 그룹이 될 가능성이 있습니다.

완구 및 물류 계열 프로듀스 회사

완구 · 물류 계열	반다이(선라이즈, 반다이남코 픽처스, 반다이 비주얼), 애니메이트(무빅, 프론티어 웍스), 부시로드 등

유흥 계열 ── 세계 유일, 유흥과 애니메이션의 콜라보레이션

　일본에서는 파칭코 가게의 파치슬롯 기계에 애니메이션 캐릭터
를 사용하는 데 의문을 품는 사람은 거의 없지만, 앞서 설명했듯이
해외에서 보면 상당히 이질적인 광경일 겁니다. 다만 이러한 관계
가 시작된 건 최근 십수 년 남짓이며 2000년대 초반부터 도박 기계
에 애니메이션 캐릭터가 등장하기 시작했습니다.

　그중에 가장 큰 인기를 끈 것이 2004년의 「CR 신세기 에반게리

온」입니다. 일설에 따르면 무려 10만 대 이상이나 팔렸다고 전해지는데 그 말이 사실이라면 수백억 엔에 가까운 매출이 있었다고 추정됩니다.

그리하여 파칭코는 2000년대 중반부터 눈 깜짝할 새에 애니메이션 업계의 유력한 수익 미디어 중 하나가 되었습니다. 그러나 최근에는 도박 관련 규제와 도박을 멀리하는 젊은 층이 늘면서 판매율이 저조한 상태라 앞으로 어떤 형태로 유흥 기업이 애니메이션과 연계해 나갈지 주목됩니다.

유흥 계열 프로듀스 회사

유흥 계열	세가사미 홀딩스(TMS 엔터테인먼트), 필즈(루센트 픽처스) 등

해외 판매 계열 ─ 애니메이션 프로듀스에서 매우 드문 존재

애니메이션의 해외 판매가 목적인 기업이며 프로듀스를 하는 것으로 보이는 회사는 전통 깊은 에노키필름과 d-rights입니다. 에노키필름은 중국과 관련이 깊어서 문화대혁명 이후에 일본의 드라마와 애니메이션을 중국에 수출하여 붐을 일으켰습니다.

원래 허드슨의 자회사였던 d-rights는 미쓰비시 상사에 매수되면서 강력한 해외 판매권을 가지게 되었습니다. 사실 일본이 본격적으로 애니메이션을 해외에 팔 때 가장 마땅한 적임자는 상사입니다. 상사 측도 그렇게 생각은 하지만 선뜻 손대지 못하는 이유는 매출 규모가 너무 작기 때문입니다. 한 부문에서 수백억 엔의 매출을 걷는 상사 입장에서는 업계 전체를 통틀어서 수출액이 400억 엔 정도인 애니메이션 사업에 적극적으로 착수하기 어렵기 때문입니다.

그럼에도 미쓰비시 상사가 애니메이션 사업을 추진하는 이유는 영상을 지향하는 사원이 있어서입니다. d-rights는 애니메이션뿐만 아니라 해외와 실사 영화 공동 제작도 착수하고 있습니다. 현재는 아사쓰 DK의 산하에 들어가게 됐으나 일본 애니메이션 업계에서 최고 해외 판매력을 가진 회사로 기억해도 좋을 겁니다.

비디오 및 레코드 회사 계열 프로듀스 회사

해외 판매 계열	에노키필름, d-rights

애니메이션 계열 — 프로듀스에 특화한 제작사

자사 스튜디오와 유통도 없이 프로듀스에만 특화한 제작사도 있습니다. 1인 프로듀서가 경영하는 회사는 많지만, 종합 기능을 가진 프로듀스 회사는 은근히 드뭅니다. 그중에서도 압도적인 실적을 자랑하는 곳이 젠코입니다. 매년 5 작품에서 10 작품을 프로듀스하는데 그 작품 중에 뛰어난 평가를 받은 작품은 누가 뭐라 해도 「이 세상의 한구석에」일 겁니다. 공개되고 올해로 3년째인 지금도 상영하고 있으니 영화 역사상 최고의 쾌거일 겁니다.

팬웍스는 소유하는 스튜디오가 없지만 인터넷으로 제작 현장과 연결하는 새로운 타입의 프로듀스 기업입니다. 거의 모든 회의를 스카이프로 진행하며 앞으로의 애니메이션 사업에 새로운 방향성을 보여줍니다.

 최근에 탄생한 '트윈엔진'의 대표는 일본에서 2번째 방송국 출신 프로듀서/경영자입니다. 60년에 가까운 애니메이션과 방송국의 관계를 생각하면 의외일 것 같지만, 애니메이션이 새로운 시대를 맞이하고 있다는 증거일지도 모릅니다.

비디오 및 레코드 회사 계열 프로듀스 회사

애니메이션 계열	GENCO(젠코), 도호쿠신샤, OB기획, 팬웍스, 트윈엔진 등

마치며

제가 대학을 졸업하고 취직한 1979년은「기동전사 건담」「도라에몽」과 같은 역사적인 작품이 등장한 해였지만, 그 무렵은 일반 학생이 취업할 곳으로 애니메이션 업계를 떠올리지 못하던 시대였습니다(물론 애니메이터 전문직을 꿈꾸는 사람에게는 매력적인 직장이었겠지요).

애니메이션을 전혀 염두에 두지 않았던 저는 '키티 레코드'라는 레코드 회사에 들어갔습니다. 그때 그곳에서 미디어믹스의 전신이 되는 영화를 다수 제작했다는 사실에 놀랐습니다. 입사한 해만 해도 대학 재학 중에 놀라운 데뷔작을 선보인 무라카미 류의 아쿠타가와 수상작「한없이 투명에 가까운 블루」,「쉘부르의 우산」의 자크 데미 감독이 가담한 실사판 대작「베르사유의 장미」, 지금은 거장이 된 하라다 마사토 감독의 데뷔작「안녕 영화의 친구여 인디언 섬머」, 그리고 키네마 준보 국산 영화 베스트 20위에 들어간 명작「태양을 훔친 사나이」와 같은 작품을 공개한 것입니다.

그런 상황에 기가 죽은 저는 배속된 프로덕션 부문에서 반년 후에 방영을 앞둔「베르사유의 장미」애니메이션 시리즈의 주제가를 부르는 신인, 스즈키 히로코의 매니저를 담당하게 되었습니다. 하지만 그때까지도 제가 애니메이션과 인연을 맺게 될 줄은 꿈에도 생각하지 못했었습니다.

그런데 입사 2년차에 운명을 바꾸는 사건이 일어났습니다. 일본 애니메이션 역사에서도 그다지 전례가 없는 일이겠지만, 제가 일하는 레코드 회사가 독자적으로 애니메이션을 제작하게 된 것입니다. 그것이 바로「시끌별 녀석들」이었습니다.

"왜 레코드 회사가 애니메이션을 만들어?"라고 생각한 사람은 비단 저뿐만이 아니었을 겁니다. 지금이야 흔하지만, 당시에는 "최신 유행을 좇는 레코드 회사가 왜 어린이용 애니메이션을 만들지?(우주전함 야마토 등의 애니메이션 사정에 둔했기에)"라는 감각이었습니다. 이 사건이 앞으로 제 인생을 야금야금 침식할 줄이야…….

「시끌별 녀석들」은 실로 강력한 '아티스트'였습니다. 1980년대 키티 레코드에서는 다카나카 마사요시와 RC섹션, 기스기 다카오에 안전지대, 프로덕션 부문에서는 구보 다토시노부와 바비보이즈 등을 배출했는데 이들 '아티스트' 중에서 다름 아닌 「시끌별 녀석들」이 가장 실적이 높았습니다. 애니메이션 영상 자체 매출(방송제작비, 방송 판매 매출, 해외 매출 등)뿐만 아니라 비디오, 음악 상품과 팬클럽(전성기에는 회원이 3만 명을 넘었다), 행사(팬클럽을 중심으로 하는 전국 투어), 상품 매출 등 한동안 최고의 수입원이었습니다.

심지어 감기에 걸리지 않고, 스케줄에 불만도 없고, 연애 문제도 일으키지 않는 무지각, 무결근의 우등생. 매출 기복이 큰 레코드 회사로서는 한결같이 돈을 벌어 주는 수입원에 기대기 마련입니다. 주제가나 사운드트랙, 설상가상 기획물 앨범까지 마구 찍어낸 결과, 고객으로부터 "좀 작작 내라!"라는 농담 같은 불만 전화를 받은 적도 있습니다.

가장 압권은 1987년에 발매한 「시끌별 녀석들」 LD(레이저디스크) 박스 세트입니다. DVD 박스 세트의 원조가 된 것인데 전 TV 시리즈 218화를 수록한 「시끌별 녀석들」 LD 박스 세트가 총 50장에 무려 33만 엔이라는 가격에도 불구하고 한정 3000세트를 눈 깜짝할 새에 완판한 겁니다. 신이 난 회사는 '한정'이었던 상품을 3000세트 더 추가로 제작. 그것까지 완판하는 대 히트를 쳤습니다.

이 LD 박스 세트의 판매 촉진을 담당하고 경위를 지켜보았던 저는 "애니메이션, 무시무시하구만."하고 감개에 젖었습니다. 그러면서도 그것은 어디까지나 회사 업무의 일환이었고, 그때까지도 제가 애니메이션의 길을 걸으리라고는 생각지도 못했습니다.

그 뒤 「왓츠 마이클」의 상품화권 창구와 '안전지대'의 팬클럽 조성, 해외 영화 판권 구매와 오리지널 비디오, 하이비전 방송 프로듀스 등, 스스로 생각해도 참 다양한 일을 했습니다. 그리고 키티 필름이라는 부서에서 미국과 공동 제작에 들어간 애니메이션에서 어시스턴트 프로듀서를 맡은 것을 끝으로 거품 경제에 휘둘려서 망한 회사를 퇴사하였습니다.

출판사 등을 거쳐서 2000년에 매드하우스의 대표이사가 된 무렵에는 제 안에서 애니메이션에 대한 평가가 크게 달라져 있었습니다. 매드하우스의 대표직을 권유받았을 때 '현재의 일본 엔터테인먼트, 콘텐츠를 고려했을 때 성장 가능성이 있는 장르는 애니메이션뿐이다'라고 생각했습니다. 머릿속에 애니메이션의 A도 없었던 제게는 정말 큰 변화였습니다.

키티 레코드에 입사하고 39년이 지난 현재, 애니메이션에 관한 평가가 상당히 크게 변화하였음을 느낍니다. 간단히 말하면 애니메이션은 벼락출세했습니다. 1980년대 전후부터 현재에 이르기까지 엔터테인먼트, 서브컬처 등 저와 밀접한 세계에서 평가가 크게 좋아진 것들이 있습니다. 그것은 애니메이션, 코미디, 게임, 그리고 살짝 장르가 다르지만, 라멘입니다. 줄곧 엔터테인먼트, 콘텐츠 업계에 몸담았던 만큼 사는 세상이 좁긴 하지만, 이 네 가지 장르는 대단한 '출세'를 이루었다고 생각합니다.

1979년 당시에 개그맨이 고학력 대졸이 꿈꾸는 직업이 될 줄은 꿈에도 생각하지 못했습니다. 찻집에서 홀딱 빠져 했던 스페이스 인베이더 게임과 테니스 게임은 있었지만 비디오 게임은 아직 있지도 않았습니다. 라멘도 한 가지 맛만 지키는 인기 라멘 가게는 있었지만, 해외까지 출점하고 닛케이에 상장한다는 발상도 일절 없었습니다.

애니메이션도 그 당시에 대졸자들이 취직하고 싶어 하는 분야가 아니었습니다. 그 증거로 현재 50대~60대인 애니메이션 스튜디오 경영자 중에 프로듀서와 감독, 애니메이터 출신을 제외하면 처음부터 애니메이션 업계에 발을 들인 사람은 거의 없습니다. 지브리의 스즈키 도시오 씨도 처음에는 잡지 편집자였습니다. 설마 애니메이션 일을 하게 될 줄 꿈에도 몰랐던 사람들이 우여곡절 끝에 애니메이션을 만나 그 매력에 휘둘리다가 정신을 차려보니 대표까지 되어 있었다는 예가 대부분입니다.

대졸이 취직할 회사로 애니메이션 스튜디오를 인식하게 된 것은 최근 십수 년 전부터일까요? 그로부터 단기간에 고학력 취준생이 진지하게 취직을 고려하는 대상으로 보게 되었으니 감개무량할 따름입니다.

그렇지만 학생의 부모에게는 애니메이션 업계의 인지도가 여전히 낮은 실정입니다. 하지만 이는 아직 애니메이션 업계에 취직의 기회가 있음을 의미합니다. 미국에서는 하버드 경영학과 졸업생이

몰려드는 업계는 그때가 절정기고, 점점 내리막을 타게 된다는 우스갯소리가 있는데 일본에서는 동경대 졸업생이 그러할 것입니다.

부모가 학생에게 권하는 곳은 그런 업계지만, 애니메이션은 아직 그런 단계가 아닙니다. 학생뿐만이 아니라 타 업종에서 이직하는 사람에게도 아직 기회가 남아 있습니다. 본서는 그러한 애니메이션 업계에 흥미가 있는 사람들을 위한 책입니다.

애니메이션 산업계가 원하는 인재는 애니메이터와 같은 크리에이터뿐만이 아닙니다. 프로듀서를 비롯한 비즈니스 인재도 원합니다.

콘텐츠 제작에서 중요한 일은 부가가치가 높은(창조성이 높은) 직종입니다. 영화라면 각본(오리지널, 각색), 연출, 배우, 애니메이션이라면 원작, 각본, 연출, 캐릭터 디자인, 그림 콘티, 원화 같은 일이지만 프로듀서는 업무 자체가 예술입니다. 재능 넘치는 감독이나 각본가, 애니메이터로 팀을 편성하여 작품을 만드는 사람이 프로듀서이므로 어떻게 보면 제일 크리에이티브한 직업인지도 모릅니다. 물론 프로듀서뿐만 아니라 저작권이나 해외(어학) 같은 전문성이 높은 직종도 인재를 필요로 합니다.

가령 처음부터 희망하는 회사에 입사하지 못했어도 의지만 있으면 언젠가는 하고 싶었던 일을 만날 겁니다. 입구가 다르다고 포기하지 말고 노력했으면 합니다.

마지막으로 이 책을 출판하는 데 있어서 많은 데이터를 제공해주신 일본애니메이션협회와 스태프 여러분, 분량 관계로 인용처를 밝히지 못한 관계자와 수많은 저작의 저자, 인터넷 기사에 감사합

니다. 이 책을 출판해 주신 세이카이샤, 마루모 토모하루 담당자님
께도 깊이 감사드립니다.

예년보다 더 꽃가루로 고생한 봄날에

마스다 히로미치

애니메이션 비즈니스 완전 가이드

제작위원회는 악의 축인가?

2020년 4월 15일 초판 1쇄 발행

저자 마스다 히로미치
번역 김봄

편집 박관형, 정성학
마케팅 홍승범
발행인 박관형
발행처 ㅁㅅㄴ(MSN publishing)
주소 [13812] 경기도 과천시 용마2로 3, 201호
웹 http://msnp.kr
메일 mi-sonyeo@naver.com
FAX 0505-320-2033

ISBN 979-11-87939-28-3 03680